***Kennst du** jemanden, der schon lange an einem Problem nagt und nicht so recht vorankommt?*

Du würdest gern helfen, weißt aber nicht, wie? Dann kann dieses Buch ein nützliches Geschenk sein!

Mit der Filmwechsel®-Methode lassen sich Schwierigkeiten in egal welchem Lebensbereich überraschend leicht lösen:

- ***Beziehung zu sich selbst***
- ***Beziehung mit anderen***
- ***Beruf & Business***
- ***Gesundheit***
- ***Finanzen***
- ***Selbstwert***
- ***Ängste und Blockaden***
- ***Selbstsabotage***
- ***Stress und Co.***
- ***...***

Dabei ist jede Lösung so einzigartig wie der Mensch, der sie für sich gefunden hat. Lies die Erfahrungsberichte von Anwendern (ab Seite 51) und lass dich inspirieren!

Katalin Fáy

Die FilmWechsel®-Methode

Wie du belastende Probleme kinderleicht lösen und stressfrei leben kannst ...

Das Selbst-Coaching Buch

Die Deutsche Nationalbibliothek verzeichnet diese Publikation
in der Deutschen Nationalbibliografie; detaillierte bibliografische Daten
sind im Internet über http://dnb.ddb.de abrufbar.

IMPRESSUM

2. Auflage 2017
Veröffentlicht mit Erlaubnis der Autorin durch:
AbisZ-Verlag Friedrichshafen

Herausgeber, Buchgestaltung und Cover:
Johannes Rösler, AbisZ-Verlag, Media-Design Rösler
www.AbisZ-Verlag.de
www.media-design-bodensee.de

Bild der Autorin: privat

Herstellung/Produktion:
Books on Demand GmbH, Norderstedt

ISBN-Nr: 978-3-946666-00-4

Danksagung

Ich danke dem Leben für alles, was ich bisher erleben, erfahren und erkennen durfte. Ich danke für die Fähigkeit, Zusammenhänge erkennen und verständlich machen zu können.

Ich danke all meinen Klienten, die sich auf die FilmWechsel®-Methode eingelassen haben und die sie in ihrem Leben umsetzen! Eure Erfahrungen und Rückmeldungen haben die Methode immer mehr verfeinert und den Selbst-Transformations-Prozess weiter vertieft.

Ich danke all denen, die mich dazu gedrängt haben, nach 9 Jahren Arbeit mit der FilmWechsel®-Methode dieses Buch zu veröffentlichen!

Haftungsausschluss:
Die Benutzung dieses Buches und die Umsetzung der darin enthaltenen Informationen erfolgt ausdrücklich auf eigenes Risiko. Haftungsansprüche gegen den Verlag und die Autorin für Schäden materieller oder ideeller Art, die durch die Nutzung oder Nichtnutzung der Informationen bzw. durch die Nutzung fehlerhafter und/oder unvollständiger Informationen verursacht wurden, sind grundsätzlich ausgeschlossen.

Das Werk inklusive aller Inhalte wurde unter größter Sorgfalt erarbeitet. Der Verlag und die Autorin übernehmen jedoch keine Haftung für die Aktualität, Richtigkeit und Vollständigkeit der Inhalte des Buches.

„Das Leben ist ein Paradies,
und alle sind wir im Paradiese,
wir wollen es nur nicht wahrhaben;
wenn wir es aber wahrhaben wollten,
so würden wir morgen im Paradiese sein."

Fjodor Michailowitsch Dostojewski

Inhalt

Wenn dein Leben ein Film wäre ...

Stell dir vor, du sitzt im Kino und möchtest einen bestimmten Film sehen. Der Vorhang geht auf, Werbung, Vorschau. Dann beginnt der Hauptfilm, auf den du dich so gefreut hast... doch bald beschleicht dich das Gefühl, im falschen Film zu sein ... Das kann doch nicht wahr sein, was hat sich der Regisseur nur dabei gedacht?

Was machst du, wenn du den Film einfach nur schrecklich findest? Hältst du es bis zum Ende aus? Oder verlässt du den Kinosaal und machst dir anderswo einen netten Abend? Wie auch immer - ich schätze, es würde dir bestimmt nicht einfallen, nach vorne zur Leinwand zu gehen um daran herumzumalen, um den Lauf der Ereignisse so zu verändern, oder?

Aber genau das machen die meisten Leute in ihrem Leben: sie doktern an den Umständen herum. Im Zustand von Stress, Frustration oder Enttäuschung neigt der Mensch dazu, mit äußeren Aktivitäten gegensteuern zu wollen, in der Erwartung, dass die Situation sich dadurch bessert. Ich nenne das „an der Leinwand herummalen", sprich, alles Mögliche zu tun, um die Dinge im Außen zu verändern.

Doch irgendwie hört es nie auf ... Mal stresst der Chef, mal die Kollegin, oder der Partner versteht einen nicht, Termine drängen, der Rücken tut weh oder die Zähne, die Kinder quengeln, ein wichtiger Kunde springt ab, das Auto muss schon wieder in die Werkstatt und die Steuer soll noch gemacht werden.

Woher jetzt Gelassenheit nehmen? Innere Balance? Freude und Leichtigkeit? Wie soll man im Inneren in Frieden bleiben, wenn der Stress einem über dem Kopf zusammenschlägt? Wie bleibt man vertrauensvoll im Lebensfluss, wenn man sich blockiert fühlt oder von chronischen Schmerzen geplagt wird? Wenn du ein offener, interessierter Mensch bist, wie ich auch, hast du vermutlich schon einige Ratgeber gelesen und bereits verschiedene Tricks, Strategien oder

Methoden angewandt, wie zum Beispiel Positives Denken, Kreatives Visualisieren, Ziele setzen, Zeit- und Stressmanagement, besseres Kommunizieren ...

Hand aufs Herz - hat sich der erwünschte Erfolg eingestellt? Wenn nicht:

Wie wäre es mit einem FilmWechsel®?
Auf den nächsten Seiten lernst du die einfache und wirksame Film-Wechsel®-Methode kennen, mit der du dein Leben, deine Beziehungen und deinen Erfolg in allen Lebensbereichen nachhaltig positiv verändern kannst.

Du erhältst keine allgemeinen Ratschläge wie: „Lass los!", „Sei glücklich!", „Setz dir Ziele!" oder „Entdecke deine Bestimmung!", sondern eine konkrete Anleitung, wie du deinen unbefriedigenden Lebens-Film veränderst.

Du lernst zu unterscheiden, wann du gerade an der Leinwand herumdokterst (du weißt schon: mit äußeren Aktivitäten gegensteuern) und warum das nichts bringt - und wo es wirklich Sinn macht, den Hebel anzusetzen. Nämlich dort, wo der Film deines Lebens von Moment zu Moment entsteht: In deinen inneren Einstellungen.

Du kennst das: Wenn du mit einer Kamera gute Bilder machen willst, musst du zuerst die passenden Einstellungen vornehmen: Motiv, Helligkeit, all diese Dinge. Und wenn du einen Film drehen willst, musst du zuerst das Thema oder die Story auswählen, die du kreieren willst. Beim Filmen musst du die passenden Kamera-Perspektiven wählen.

Ganz ähnlich läuft es auch im richtigen Leben.

Alles ist eine Sache der inneren Einstellungen!
Das Problem dabei ist, dass unsere inneren Einstellungen (Grund-

haltungen, Glaubensüberzeugungen, Verhaltensmuster) uns in der Regel nicht bewusst sind und dass die meisten Menschen nicht wissen, wie sie die für sie optimalen inneren Einstellungen gezielt auswählen und dauerhaft verändern können.

Die Zeit ist reif für einen FilmWechsel®, wenn:

- du glücklicher, stressfrei, souveräner und selbstbestimmt leben möchtest
- wenn du unabhängig sein willst von äußeren Umständen
- wenn du bestimmte Ängste oder Blockaden überwinden möchtest
- wenn du dir ganz konkret mehr Erfolg im Beruf oder im Privatleben wünschst
- oder einfach mehr Freude, Fülle und Gelassenheit in dein Leben einladen willst!

Begleite mich auf eine kleine Reise in meine Vergangenheit und lies, wie ich die FilmWechsel®-Methode entdeckte, als ich nicht mehr ein und aus wußte.

Auf der Suche nach Heilung - Die Entdeckung

Als junge Studentin wirkte ich in den 1970er Jahren bei einer großen wissenschaftlichen Studie mit, die mein damaliger Yogalehrer zusammen mit Medizinern initiierte. Etwa zweitausend Yogapraktizierende nahmen an dieser Studie teil. Unter Laborbedingungen wurde untersucht, ob Menschen durch ihre Gedanken und Konzentration ihre Körperfunktionen beeinflussen können. Die gesammelten Daten waren eindeutig: Der Geist steuert den Körper.

Für mich war das nichts Neues, denn zu diesem Zeitpunkt hatte ich schon sieben Jahre Yogapraxis hinter mir. Was mich aber brennend interessierte, war die Frage: Warum ist diese Beeinflussung durch Gedanken möglich? Diese Frage und die Suche nach den tieferen Zusammenhängen von Körper und Geist prägten meinen Lebensweg.

Ich weiß, dass man seinen Körper mit seinen Gedanken beeinflussen kann. Aber warum ist das so?
In den folgenden Jahren erlernte ich mehrere sogenannte energetische Heilmethoden, darunter im Jahr 1990 auch die Silva Mind Control Methode. In der Ausbildung übten wir, mit unserer Vorstellungskraft den eigenen Körper und auch den Körper von anderen zu untersuchen und zu beeinflussen. Es war eine Art Hellseher- und Heiler-Ausbildung.

Ich arbeitete etwa 4 Jahre mit dieser Methode und unterstützte unzählige Klienten durch Ferndiagnosen und Fernheilung, wieder gesund zu werden. Aufgrund meiner Erfahrungen mit Yoga wusste ich, dass Geistiges Heilen funktioniert. Für eine erfolgreiche Wirkung war es egal, ob die Patienten daran glaubten oder nicht. Sie wussten meist nicht, zu welchem Zeitpunkt ich an ihnen arbeitete. Oft waren es Angehörige, die um Hilfe baten. Ich brauchte nur den Namen und den Aufenthaltsort zu wissen.

Die Leute waren überrascht und happy mit den Ergebnissen. Es gab einige sehr interessante Heilungen, aber viele Patienten erlebten nach einigen Jahren Rückschläge.

Ein 40-jähriger Mann hatte Hodenkrebs. Ich behandelte ihn mehrfach mit Fernheilung. Danach stellte man fest, dass der Hodenkrebs verschwunden war. Ein paar Jahre später bekam er jedoch einen anderen Krebs.

Auf Wunsch einer Bekannten sollte ich ihrer vierundzwanzigjährigen Tochter eine Fernheilung geben. Die junge Frau hatte eine sehr ernste, lebensbedrohliche Darmerkrankung und war schon nicht mehr arbeitsfähig. Ich konnte die organische Situation sehr klar sehen und arbeitete dann mit der Silva Mind Methode an Darm und Leber.

Normalerweise kamen mir bei meiner Heilarbeit an dieser Stelle Ideen, wie ich die Organe zum optimalen Zustand verändern konnte, die ich dann auch ausführte. Aber bei dieser jungen Frau kam ich nicht dazu, denn in mir war wie ein inneres Stoppschild. Ich nahm eine ganz klare Stimme in mir wahr, die mir sagte: „Lass die Finger davon!“ Ich wusste nicht warum, aber ich wusste: „Ja, das stimmt, ich muss es lassen!“ - es fühlte sich richtig an. Es war die leise Ahnung da: „Die Menschen brauchen ihre Symptome, ich darf sie ihnen nicht einfach wegnehmen!“ Sofort danach hörte ich auf, mit der Silva Mind Methode zu arbeiten.

„Du darfst den Leuten nicht ihre Probleme wegnehmen!“

Ich setzte meine Suche fort und erlernte weitere energetische Heilweisen. Es folgte die Ausbildung zur Reinkarnationstherapeutin. Dann lernte ich bei einem Heiler, der mit der Macht des gesprochenen Wortes und der Christus-Energie heilte. Eineinhalb Jahre lang lebte und lernte ich bei einem philippinischen Heiler, bei dem ich Wunder am laufenden Band erlebte. Aber auch dort machte ich wieder die Beobachtung, dass das Symptom zwar durch seine Einwirkung verschwand, aber bei vielen Patienten nach einiger Zeit zurückkehrte - oder es traten neue Beschwerden auf.

Und so fragte ich mich: „Warum kommen die Probleme zurück? Was ist zu tun, damit es keinen Rückfall gibt? Was ist nötig, damit die Heilung dauerhaft bleibt?"

Ich hatte nun jahrelang eine Heilmethode nach der anderen und unzählige Techniken erlernt, aber immer noch keine Antwort gefunden auf diese - aus meiner Sicht entscheidenden - Fragen. Bis ich eines Tages umknickte, woraufhin mein rechter Fuß anschwoll und ich vor Schmerzen nicht mehr auftreten konnte. Was für ein ärgerliches Missgeschick!

Ich bin ein Mensch, der Bewegung braucht! Ich liebe meine täglichen Spaziergänge, Sport usw. - doch nun war ich lahmgelegt, konnte mich nur an Krücken oder humpelnd vorwärts bewegen, alles ging nur noch im Schneckentempo.

Ich war sehr frustriert und bat mehrere Kolleginnen und Kollegen, Heilerinnen und Heiler, die ich kannte, um Hilfe. Und ich machte mich auch selber dran, meinen Fuß zu heilen. Doch egal mit welcher Methode wir arbeiteten, die Wirkung hielt nie länger als vielleicht eine Stunde an. Für diese kurze Zeit war ich dann immerhin schmerzfrei und konnte mich auch etwas besser bewegen, doch der Fuß blieb geschwollen. Nach kurzer Zeit war auch der Schmerz wieder da.

Ich ahnte nicht, dass diese widrige Situation sich schon bald als ein wunderbares Geschenk erweisen sollte ...

Wie ich die FilmWechsel®-Methode entdeckte

Nach fast drei Monaten vergeblicher Heilungsversuche nahm ich den schmerzenden, geschwollenen Fuß mal spontan in die Hand und drückte ihn. Das fühlte sich sehr schmerzhaft an - so, als ob mein

Fuß voller kleiner Scherben wäre. Im gleichen Augenblick sah ich vor meinem inneren Auge ein Bild von Harnsäurekristallen.

„Übersäuert? Das kann doch gar nicht sein!", meldete sich mein Verstand zu Wort. „Ich esse doch basisch und gesund, habe lange von Lichtnahrung gelebt - von meiner Ernährung kann das also nicht kommen! Wie soll ich da übersäuert sein? Das geht gar nicht!"

Plötzlich hörte ich meine Stimme sagen: **„Ich höre jetzt sofort auf, sauer zu sein!"** Und in diesem Moment war die blitzartige Erkenntnis da: Ich erkannte augenblicklich, auf wen ich sauer war. Die Tatsache, dass ich dieser Person gegenüber negative Gefühle mit mir herumtrug, war mir nicht bewusst gewesen! Im Gegenteil - ich hatte damals gedacht: „Das ist doch eine Kleinigkeit, nicht der Rede wert."

„Wie kann ich mir das antun, mich mit negativen Gefühlen zu vergiften? Was für einen Unsinn mache ich mit mir selbst?", durchschoss mich die Empörung.

Die Stimme in mir, die sich laut machte, als ich aussprach: „Ich höre jetzt sofort auf, sauer zu sein!", war die Instanz in mir, die die Fähigkeit besitzt, bewusst alte Entscheidungen zu revidieren und neue Entscheidungen zu treffen.

Daher kam die klare Gewissheit, die mich durchströmte: „Das, was hier gerade passiert, ist anders als sonst. Jetzt ist mein Fuß geheilt!"

Es waren nur Millisekunden ... und dennoch waren diese Gefühle und Gedanken außergewöhnlich intensiv und klar!

Ich spürte keine Veranlassung mehr, mich weiter mit dem Fußproblem zu beschäftigen - es war erledigt! Ich ließ meinen Fuß los, stand auf, ging - völlig schmerzfrei - zu meinem Schreibtisch und begann zu arbeiten. Kurze Zeit später war die Schwellung weg. Der Fuß sah wieder vollkommen normal aus und war voll belastbar. Spazierengehen, Wandern, Sport, alles ging nun wieder. Ich war happy!

Sofort meldete sich der Skeptiker in mir: „Wenn da wirklich Säurekristalle in meinem Fuß waren, müssten sie noch drin sein - wieso tun sie nicht mehr weh? Was war in diesem einen Moment passiert?" Das wollte ich genauer unter die Lupe nehmen!

So ging ich am nächsten Tag zu einem Heilpraktiker-Freund, um mein Blut untersuchen zu lassen. Ich wollte der Idee, in meinem Fuß seien Säurekristalle, auf den Grund gehen. Und tatsächlich, sowohl in der Blutanalyse als auch im Dunkelfeldmikroskop waren Spuren von Säure zu erkennen.

Hast du schon mal gesehen, wie übersäuertes Blut unter dem Dunkelfeldmikroskop aussieht? Da kleben die roten Blutkörperchen quasi aneinander, man nennt dieses Phänomen „Geldrollenbildung". So hatte auch mein Blut ausgesehen, wie mir der Heilpraktiker am Bildschirm zeigte. Nun, ich habe das Mikroskopbild gesehen und wusste, was ich zu tun hatte, nämlich diese verklebten Blutkörperchen durch meine Vorstellungskraft zu sprengen.

Als ich am nächsten Morgen meine morgendlichen Yoga-Übungen machte kam mir die Idee, mir bei jedem Einatmen vorzustellen, wie diese zusammengeklebten Blutkörperchen durch den eingeatmeten Sauerstoff auseinander gesprengt werden und dass alle roten Blutzellen happy sind und wie Smileys strahlen und fröhlich herumhüpfen.

Zwei Wochen später liess ich noch einmal mein Blut unter dem Dunkelfeldmikroskop untersuchen. Ich hatte das Gefühl, die morgendlichen Visualisierungen und Atemübungen hätten bereits gut gewirkt, dennoch wollte ich es genau wissen und vor allem messen.

„Hey du! Was hast du in den zwei Wochen gemacht? Es ist ja ein Wunder passiert!!!", rief mein Freund aus. Ich schaute auf den Bildschirm und sah lauter wohlgeformte Blutzellen, die sich frei bewegten. Mein Blut sah aus wie aus dem Bilderbuch. Wow! Das war eine unbeschreibliche Freude. Ich hatte einen objektiven Beweis, dass meine innere Arbeit Wirkung zeigte.

Als Nächstes wollte ich herausfinden, wie es zu dieser schnellen, vollständigen und möglicherweise dauerhaften Heilung gekommen war. Was genau war da geschehen? Und wie könnte ich anderen helfen, sich selbst ebenso schnell und nachhaltig zu heilen?

Von der Analyse über Synthese zur These

Ich habe das Geschehen rückwärts aufgerollt: Wenn du einen Faden ausgerollt hast und von hinten wieder anfängst ihn aufzurollen, siehst du jeden Schritt aus einer anderen Perspektive.

So wie wir es normalerweise gewohnt sind von A nach B zu laufen, der Weg erscheint uns als Selbstverständlichkeit. Wenn wir aber rückwärts gehen, oder den Weg das erste Mal aus der entgegengesetzten Richtung laufen, sind wir automatisch viel wacher. Nichts entgeht unserer Aufmerksamkeit. Wir entdecken auf diese Weise manchmal sogar Dinge, die vorher vor unseren Augen versteckt waren.

Mir ist bei dieser Art von Analyse aufgefallen, dass der Ablauf sich in einem kleinen Detail von den mir bisher bekannten Methoden unterschied. Dieses Wesentliche war: Ich habe definitiv eine Entscheidung getroffen, in dem ich die Macht des ausgesprochenen Wortes nutzend, eine alte, beschränkende Entscheidung revidiert habe. „Ich höre sofort auf sauer zu sein!“ ist nicht nur eine neue Entscheidung, sondern beendet gleichzeitig eine alte Entscheidung, nämlich die Entscheidung: „Ich bin sauer!“ Nur selten und eher zufällig sprechen die Leute so entscheidende Dinge aus. Mit diesem Satz hatte ich einen Meilenstein gesetzt: Er wirkte sofort.

Als Erstes kam mir in den Sinn: „Eine so definitive Aussage habe ich bei keiner der vielen Methoden, die ich erlernt oder erlebt hatte, gesehen. Das ist es! Das könnte der Schlüssel sein, nach dem ich so lange gesucht habe.“

Was ich allerdings nicht wusste: Wie nachhaltig ist diese Heilung? Und ich wollte wissen: Lässt sich das Erkannte in anderen Lebensbereichen ebenfalls anwenden?

Meine These: Der Körper, die Materie macht nichts von alleine, sondern er bzw. sie ist der unmittelbare Ausdruck des Geistes und deshalb wunderbar geeignet als Seismograph für das Aufspüren des Geistes (Gedanken, Gefühle, Emotionen, usw.), das sich im Augenblick manifestiert. Es ist meine Entscheidung, welchem Gedanke, welchem Gefühl ich Aufmerksamkeit schenke und damit zur Manifestation verhelfe.

Deshalb ist es wichtig, den Körper wahrzunehmen!

Es ist Übungssache. Die Körperwahrnehmung muss geübt werden. Je regelmäßiger ich das mache, desto mehr nehme ich im Alltag wahr, wenn etwas nicht stimmt. Ich werde nicht mehr darüber hinweggehen, was ich wahrnehme. (siehe Audio-Anleitung zum Körpercheck unter: *www.dr-bewusst-sein.de/schatztruhe/audios*)

Wenn ich darin geübt bin, nehme ich wahr, wenn ich mich selbst betrüge, in dem ich mir etwas einzureden versuche, das nicht stimmt.

Vor einigen Jahren hatte ein Mann, mit dem ich lange Jahre vorher eine Liebesbeziehung hatte, mich belogen und betrogen. Das war für mich sehr schmerzhaft. Ich habe versucht mir einzureden, dass ich von ihm gar nichts will und dass ich ihm vergeben kann. Außerdem habe ich mir erklärt, dass der Schmerz, den ich wahrnehme nur ein Glaube an die Getrenntheit ist. Sie ist eine Konditionierung, über die ich hinwegsehen kann. Und außerdem, die Liebe lässt frei. So ging es mir leichter.

Doch tief in mir brodelte Wut und Trauer von nicht gesehen zu werden, die ich lange Zeit „erfolgreich“ verdrängt hatte. Ich redete mir ein in Frieden zu sein, doch in Wirklichkeit herrschte Krieg in mir. Ich kann den Frieden nicht aufrecht erhalten, indem ich mir erzähle, ich hätte Frieden, wenn in mir Krieg ist. Es hilft mir nur, wenn ich den Krieg wahrnehme und „Ja“ dazu sage: „Ja, es ist Krieg in mir!“ Ich sehe es, ich erkenne es, und anerkenne es. Letztendlich will alles gesehen werden. Auch die Glaubenssätze und die Emotionen wollen gesehen werden.

Es ist vollkommen egal, was ist. Es darf alles sein. Ich bin im Augenblick einverstanden mit dem, was gerade ist, was ich wahrnehme, zum Beispiel mit der Lust auf Krieg. Ich bewerte es nicht, ich lasse es stehen.

Alles was vorhanden ist, ist das Ergebnis einer Entscheidung
Nun, mein Unterbewusstsein sorgte dafür, dass ich den Krieg in mir bewusst machte und bescherte mich mit dem dicken Fuss ... Ich stand ja auf „Kriegsfuss“ mit dem Leben, mit dem „Sauer-sein“, mit dem „Nicht-gesehen-werden“.

Ich hatte das kreiert, indem ich mich mit Gedanken und Emotionen beschäftigte, die dazu führten, dass ich sauer war. Auch wenn mein Verstand erklärte: „Der Mann (auf den ich sauer war) kann ja auch nicht anders sein, als er ist und du brauchst dich damit nicht weiter beschäftigen”, war mein Unterbewusstsein weiter mit ihm beschäftigt. Ich war empört darüber, dass ich sauer war und überrascht, dass ich auf diesen Freund sauer war.

Mein Verstand meinte, es wäre eine unbedeutende Kleinigkeit gewesen. Doch Angelegenheiten, die unser Verstand für eine unbedeutende Kleinigkeit hält, die wir aber innerlich nicht zu Ende bringen, arbeiten weiter in uns.

Wir schleppen die „unbedeutende Kleinigkeit“ weiter mit, sie manifestiert sich erst mal nur ein kleines Bisschen, sie kreiert eine Situation die irgendwie ähnlich ist, nur um endlich gesehen zu werden.

Die Entscheidung: „Ich höre sofort auf, sauer zu sein“ - die ich ganz tief in meinem Inneren getroffen habe, mit einem Gefühl aus der Körpermitte heraus, traf ich unverhofft, völlig unerwartet, aus einem tiefen Impuls heraus, ohne zu wissen, dass ich auf jemanden sauer war.

Zuerst war der Gedanke da: „Ich kann doch nicht sauer sein“, aber gleichzeitig sprach es schon aus mir - und in dem Augenblick wusste ich auch, auf wen ich sauer war. Und zwar jahrelang!

Es ist für mich eine große Gnade, im richtigen Augenblick den richtigen Gedanken/Einfall zu haben und entscheidende Sätze kraftvoll auszusprechen und gleichzeitig aus dem Geschehen Erkenntnis zu gewinnen.

Gnade können wir nicht „trainieren“! Hingabe und Dankbarkeit schon... Und wir können ununterbrochen darum bitten und gleichwohl bereits im Voraus dafür danken, dass „Wenn es ein Wort ist, was ich brauche, ein Gedanke oder ein stiller, ruhiger Geist, dann sind das die Gaben, die DU (Heiliger Geist) zu mir bringst, denn DU hast die Führung auf meine Bitte hin!“ (aus: *Ein Kurs in Wundern*)

Unsere Bitte bleibt nicht unerhört. Ich habe 1995 angefangen, mit dem *Ein Kurs in Wundern* zu arbeiten, aus dem ich mir dieses tägliche Gebet angeeignet habe.

Wir können uns entscheiden, eine frühere Einstellung, Glaubensüberzeugung oder innere Haltung definitiv zu beenden - und diesen Entschluss auch bewusst auszusprechen.

Es wirkt! Es geschehen dann im Leben viele wunderbare Sachen.

Manchmal schenkt uns der Heilige Geist Eingebungen, auf die wir durch Nachdenken gar nicht kommen würden ... und wir erleben Wunder.

Ich wähle, was ich erfahren will.

So war es auch, als ich eines Tages in Budapest zu Besuch war. Ich hatte dort eine Wohnung, die ich nur einmal im Jahr benutzt habe. Nun diesmal war der Wasserhahn so verkalkt, dass man den Wasserfluss nicht richtig einstellen konnte. Daher kam das Wasser sowohl durch den Wasserhahn als auch durch den Duschkopf, als ich mir ein Bad einlaufen lassen wollte.

Als ich in der Wanne saß und das Wasser schon etwas abgekühlt war, wollte ich heißes Wasser nachlaufen lassen. Doch in der Zwischenzeit hatte der Gasboiler wohl weiter geheizt, so dass sich in der Wasserleitung ein enormer Druck aufgebaut hatte. Als ich den Warmwasserhahn aufdrehte, schoss mir aus dem Duschkopf kochend heißer Wasserdampf entgegen und verbrühte meine ganze rechte Körperseite: Schulter, Arm, Oberkörper.

In diesem Moment hörte ich meine Stimme laut aussprechen: „Ich habe keine Erinnerung an Verbrennungen!“ Welche Gnade, diese Eingebung zu erhalten ... den entscheidenden Gedanken mit Entschlossenheit auszusprechen. Die ganze Haut hatte sich im Nu gelöst, übrig war nur rohes Fleisch. Der Körper reparierte sich daraufhin sehr schnell und fast spurlos, und ich hatte währenddessen zu keinem Zeitpunkt irgendwelche Schmerzen.

Diese Erfahrung lehrte mich zu verstehen, warum Jesus, als er am Kreuz hing, meiner Ansicht nach keinen körperlichen Schmerz hatte. Er empfand wohl seelischen Schmerz, weil er tiefes Mitgefühl mit den Menschen hatte, die ihn auf diese Weise quälen wollten, aber physisch litt er bestimmt nicht. Denn Leid ist auch eine Entscheidung, und der Körper macht nur das, was der Geist diktiert.

Als ich einmal in meinem Workshop von dieser Erfahrung erzählte, wurde ich gefragt: „Katalin, hast du eine Erklärung dafür, warum du in kritischen Situationen so geistesgegenwärtig und bewusst reagierst?“

Meine Antwort war: „Weil ich darauf ausgerichtet bin. Ich habe diese Ausrichtung ganz früh gewählt, indem ich mich entschieden habe ‚Ich will nur die Stimme des Heiligen Geistes hören'!"

So gründet also alles, was wir im Leben erleben und erfahren, auf unseren Entscheidungen. Sich verletzt zu fühlen, ist zum Beispiel eine Entscheidung. Schmerzfreiheit ist ebenso eine Entscheidung.

Regina, eine Klientin von mir, kam wegen Problemen mit ihrem Chef zu mir. In der Firma, in der sie arbeitete, war das Betriebsklima so schlecht, dass sie schon überlegte, sich einen anderen Job zu suchen. Wir arbeiteten an ihren Glaubenssätzen und klärten auch den Hintergrund, vor allem ihre Beziehung zu ihren Eltern.

Ein paar Tage später trafen wir uns zufällig und ich fragte sie, wie es denn läuft bei ihr. Sie strahlte und meinte: „Es arbeitet! Ich merke, ich reagiere nicht mehr so wie früher, sondern bin lockerer, entspannter.

Vor ein paar Tagen hat mein Chef mich in der Mitarbeiterversammlung vor all meinen Kollegen bloßgestellt, mich mit etwas beschuldigt, womit ich gar nichts zu tun hatte. Früher wäre ich ausgeflippt und hätte mich schuldig gefühlt. Jetzt war ich innerlich ganz locker und hab geschwiegen. Es gab keinen Impuls in mir zu reagieren.

Als er fragte: ‚Sie schweigen? Haben Sie nichts zu sagen?' War meine Antwort: ‚Nö.' Damit war die Sache erledigt. Niemand hat nachher darüber gesprochen, es gab kein Drama, nichts! - Herrlich!!"

Bei einem Glücksseminar, das ich gelegentlich anbiete, nahm Caroline teil. Sie ist Buchhalterin in einer Versicherungsgesellschaft und kam zum Seminar, weil sie ständig Stress mit einer Kollegin hatte. Diese kommentierte tagtäglich jeden Handgriff, den Caroline bei der Arbeit tat. Sie fühlte sich kritisiert und angegriffen und dachte, sie müsse sich verteidigen.

Auch bei Caroline ging es darum, aus ihrer früheren Reaktionsweise auszusteigen. Als wir über die Egomechanismen (mehr dazu ab Seite 93) sprachen, wurde ihr klar: Weder die Kollegin noch sie selbst hatte ein eigenes Ego. Es war immer das selbe Ego, das agierte und dann auf sich selbst reagierte in verschiedenen Personen. Es „sprang" hin und her zwischen den miteinander korrespondierenden Mustern.

„Das bin ich nicht! Und das brauche ich gar nicht!" Carolin strahlte, als sie erkannte, dass sie die Möglichkeit hatte, ihre Reaktion jederzeit zu stoppen: „In dem Moment, wo ich merke, was in mir passiert, erinnere ich mich daran, dass das nur die Reaktion des Egos auf die Aktion des Egos ist. Das bin nicht ich, das ist das Ego. Ich kann einfach aussteigen und das Ego stehen lassen... wie heiße Kartoffeln fallen lassen... ich bin nicht weiter an der Geschichte interessiert."

Carolines Ausstieg aus ihrem unbewussten Egospiel führte dazu, dass das Ego der Kollegin keine Nahrung mehr bei Caroline fand und dann zwangsläufig mit dem Spiel aufhörte. Schon einen Tag nach dem Seminar gingen die beiden mittags gemeinsam zur Kantine. Die früheren Spannungen traten nicht mehr auf.

Reif für einen FilmWechsel®

Eine Frau bat mich um eine Beratung, weil sie sehr verärgert war. Sie hatte einen Grafikdesigner beauftragt, ein neues Logo und eine neue Website zu gestalten und dafür viel Geld bezahlt, doch das Ergebnis war für sie unbefriedigend, das Preis-Leistungverhältnis stimmte nicht.

Eine andere Klientin hatte seit ihrer Jugend immer Pech mit Zahnärzten.

Ein Mann hatte seit Längerem vergeblich versucht abzunehmen. Er schaffte es den ganzen Tag über, gesund zu essen - aber abends überkam ihn der Heißhunger und er schlug sich den Bauch voll. Seine Rettungsringe wuchsen ständig weiter und er war unglücklich.

Worüber hast du dich in der letzten Zeit geärgert? Was stresst, stört oder belastet dich? Notiere hier zwei Punkte aus deinem Leben, die du gern verändern würdest:

1. ....

2. ....

Diese „großen" Themen kannst du dir später vornehmen, wenn du schon etwas Übung im FilmWechsel® hast.

Lass uns am besten klein anfangen. Mit irgendeiner „nebensächlichen" Angelegenheit, die dich nervt und die du gern ändern würdest. Nimm einfach das erstbeste Bagatellthema, das dir einfällt.

Mich stört und ich würde gerne ändern, dass ...

....

1. Auf einer Skala von 1 bis 10, wie sehr fühlst du dich von dieser Sache gestresst?

1____2____3____4____5____6____7____8____9____10
1=stört mich so gut wie gar nicht, stört mich extrem=10

2. Gäbe es einen Film über dieses Thema, welchen Titel würdest du ihm geben? (Der Titel beschreibt das Problem)

....

Bist du bereit für einen FilmWechsel®?
Es geht ganz leicht und wird dir Freude machen. Das Tolle dabei ist, dass du keine Geschichte brauchst. Das Symbol, mit dem du spielst, birgt in sich schon den Glaubenssatz, der die Essenz aller deiner Geschichten ist. Das reicht völlig aus! Und so geht es:

1. Nimm wahr, wie sich das Problem in deinem Körper anfühlt
Jedes Problem und jedes belastende Thema löst im physischen Körper ein unangenehmes Gefühl, eine Empfindung aus. Wo in deinem Körper spürst du die Wirkung deines Problems? Wie fühlt es sich an?

2. Hole diese Empfindung aus deinem Körper heraus
Nimm deine beiden Hände und führe sie an die Stelle, wo das Problem=unangenehme Körperempfindung sitzt. Dann stelle dir vor, wie du diese Empfindung mit beiden Händen aus deinem Körper herausholst, bis sie komplett draußen ist und sich in deinen Händen befindet.

3. Nimm wahr, wie das Objekt in deinen Händen beschaffen ist

Nun schau mit deinen inneren Augen, was sich jetzt in deinen Händen befindet. Was für ein Objekt oder Symbol siehst oder empfindest du? Wie fühlt es sich in deiner Hände an? Was nimmst du wahr? Welche Form und Farbe, welche stoffliche Beschaffenheit, Temperatur hat es? Ist es leicht oder schwer?

4. Spiele damit voller Freude und Leichtigkeit!

Dieses Objekt ist dein neues Spielzeug! Versetze dich in die Lage eines kleinen Kindes. Es ist vollkommen unbefangen, ohne irgendwelche Vorerfahrung und deshalb ohne Urteile. Du freust dich einfach aus vollem Herzen, dieses „ETWAS" (das Objekt, Symbol) gefunden zu haben und spielst damit!

Als kleines Kind probierst du alles mögliche aus, was du mit diesem Objekt machen kannst! Geh so richtig rein in das Spielen! Habe Spaß, genieße es nach Herzenslust!

Wenn wir Widerstand gegenüber dem gefundenen Objekt oder Symbol spüren, dann sind wir noch mit unserer Person identifiziert und nicht mit dem Kind. In diesem Fall erlaube dir, für ein paar Augenblicke das göttliche Kind zu sein und einfach ein bisschen drauflos zu spielen.

5. Erlaube dem Objekt seinen Platz einzunehmen

Wenn du genug gespielt hast, erlaube dem Objekt den Platz, den Raum einzunehmen, der ihm gehört. Alles was existiert hat seinen Platz im Universum, so auch dies. Wir brauchen nicht nach einem Platz zu suchen, wir brauchen gar nichts zu tun, außer die Erlaubnis zu geben, dass das Objekt seinen Platz einnimmt.

6. Frage das Objekt, wie du es erschaffen hast

Wenn das Objekt seinen Platz gefunden hat, frage es: „Wie habe ich dich kreiert? Was habe ich gedacht? Was habe ich geglaubt?"

Und dann entspann dich und schau, was für ein Glaubenssatz spontan in deinem Inneren auftaucht und notiere:

....

....

7. Du kannst deiner früheren Schöpfung ein Ende setzen

Jeder Glaubenssatz, der auftaucht, ist unsere Schöpfung. Wir haben ihn in die Welt gesetzt. Wir, als deren Schöpfer können und dürfen unsere Schöpfung genauso gut wieder aus der Welt schaffen, wie wir sie erschaffen haben.

Wir entscheiden, den alten Glaubenssatz zu beenden, indem wir aussprechen: „Die Glaubensüberzeugung (soundso)

....

ziehe ich zurück und lösche sie.“

Wenn auf unsere Frage kein Glaubenssatz auftaucht, können wir dennoch wirkungsvoll pauschal sagen:
„Alle Gedanken, Glaubensüberzeugungen und Versprechungen, die zur Entstehung dieses Objekts namens .... geführt haben, ziehe ich zurück und lösche sie.“ Durch diese neue Entscheidung wird die alte Einstellung wirkungslos.

Mit der FilmWechsel®-Technik können wir alle möglichen Themen, alle möglichen Probleme angehen, um die wahren Hintergründe der Probleme aufzudecken und diese aufzulösen.

Zusätzlich als Vorbereitung auf die FilmWechsel®-Technik, empfehle ich die Gedankenhygiene-Übung, um in Aufmerksamkeit zu üben und unseren „freien Wahl“ bewusst zu machen. Lade sie unter *www.dr-bewusst-sein.de* kostenlos herunter.

Und wenn du es dir ganz bequem machen willst, kannst du zu jedem Thema eine geführte Anleitung mit der FilmWechsel®-Methode aus der Audio-Coaching-Serie „Du bist der Diamant" herunterladen: *www.dr-bewusst-sein.de/schatztruhe/audios*

Bist du eher der Typ, der gerne die eigene Stimme hört, dann nimm ein Aufnahmegerät und führe dich selbst durch den FilmWechsel®-Prozess. Im Anhang findest du die Anleitung (Seite 120). Sprich diese mit langsamer, ruhiger Stimme.

Weitere Anregungen und Erklärungen:

Es ist wichtig, dich ganz aufs freudvolle Spielen einzulassen

Deine Haltung ist entscheidend, während du mit dem Objekt spielst: Sie ist die eines wirklich unbefangenen, unerfahrenen, unschuldigen Kindes. Freudvoll, neugierig auf die Wunder der Welt. Es liebt und bewundert alles, was ist. Es hat keine Erfahrung und somit keine Bewertung ...

„Wow! Was für ein wunderbares Ding habe ich wieder zum Spielen gefunden!? Toll! Danke!" - So spielst du und freust dich.

Alles hat eine Daseinsberechtigung

Deinem Spielzeug (Objekt, Symbol) erlauben, seinen Platz einzunehmen, den Platz, wo es wirklich hingehört, ist eine Geste des Annehmens, der Versöhnung. Alles was existiert, hat eine Daseinsberechtigung. Alles hat einen Platz in der Welt. Du versöhnst dich mit dem Thema, das im Hintergrund steckt und öffnest den Weg zum Unterbewusstsein, das das Erkennen ermöglicht.

Liebe deine Schöpfung

Während du das Objekt liebevoll ansiehst, kannst du es ganz neugierig fragen: „Hey du, wie hab ich dich erschaffen? Was hab ich gedacht? Was hab ich geglaubt? Zeig es mir!" Geh mit dem Gefühl dran: „Ich hab dich lieb und ich bin dir dankbar, dass du mich in dir erkennen lässt! Ich möchte wirklich dein Wesen erkennen!“ So machst du dich innerlich ganz offen, bist entspannt und empfangsbereit ... - lass dich überraschen, welche Botschaft es dir übermittelt!

Geschichten führen nicht zur Lösung

Im Hintergrund jedes Glaubenssatzes gab es mal eine lange Geschichte. Damit wollen wir uns nicht beschäftigen, denn hinter allen Geschichten stecken weitere Geschichten. Die sind für uns nicht relevant, denn sie führen nicht zur Lösung. Wir wollen zu all diesen Geschichten Abstand gewinnen. Denn solange wir uns von den Geschichten gefangen nehmen lassen, können wir nicht sehen, wie wir sie selbst erschaffen haben. Nämlich dadurch, was wir über uns selbst, über andere oder über das Leben glaubten.

Beim FilmWechseln geht es also nicht um Storys. Sondern darum, unsere einschränkenden, trennenden Glaubenssätze herauszufinden: Was habe ich geglaubt? Wo in meinem Körper ist diese Überzeugung gespeichert?

Schau nicht auf deine Emotionen, sondern auf dein Körperempfinden

Das physische Körperempfinden wird wahrgenommen, herausgenommen und es wird geschaut, auf welche Weise zeigt sich die Energie? Wenn sich eine Emotion wie Traurigkeit meldet, betrachten wir nicht die Traurigkeit (und auch nicht die damit verbundene Geschichte), sondern wie diese Traurigkeit im Körper zum Ausdruck kommt: Zum Beispiel durch Schmerz, Druck, Ziehen... also ein bestimmtes unangenehmes Körperempfinden, als Ausdruck von Emotionen, Gedanken und Gefühlen.

Das Körperempfinden ist vielleicht noch zu spüren, aber du beschäftigst dich mit deinem Symbol. Wenn du dich damit beschäftigst, was das Symbol für Farbe, Form, Beschaffenheit und so weiter hat, gewinnst du Abstand zu den Emotionen, die du vorher gefühlt hast. Erst nachdem du die Glaubenssätze zurückgezogen hast, gehst du mit deiner Aufmerksamkeit zurück zu deinem körperlichen Befinden und schaust, was sich verändert hat.

Sei so offen und neugierig wie ein Entdecker!
Wenn du ein Problem, das in der dualen Welt entstanden ist, lösen willst, so muss du dich davon entfernen. Wer inmitten eines dichten Waldes steht, sieht den Wald vor lauter Bäumen nicht. Das heisst, wir brauchen Abstand, wir brauchen eine neue Perspektive, die uns ermöglicht, im besten Fall das Ganze zu sehen.

Erinnere dich immer wieder daran: Du hast die Wahl, wo deine Aufmerksamkeit hingeht!

Es kann sein, dass dein Objekt sich verändern will, während es seinen Platz einnimmt! Erlaube es ihm! Du schaust wohlwollend und mit kindlicher, unschuldiger Neugier zu.

Da du das Universum bist, spielt es gar keine Rolle, ob dein Objekt bzw. Symbol seinen Platz innerhalb oder außerhalb deines physischen Körpers findet.

Die allererste Antwort ist meistens richtig
Nimm wahr, was das Objekt dir antwortet, nachdem du voller Offenheit und Neugier gefragt hast: „Wie habe ich dich kreiert? Was habe ich geglaubt, was habe ich gedacht?"

Die Antwort hörst du jetzt ganz einfach in dir drin - und sie ist keine Geschichte! Sondern meist nur ein oder zwei kurze Sätze, die möglicherweise mit „Ich bin... ich habe... ich darf... oder ich darf nicht" anfangen und eine einschränkende Botschaft für dich beinhalten.

Oft kommt dann ein erkennendes „Ahhhh soooo!?"

Du bist frei, zu wählen, was du kreieren willst
Erinnere dich: Du bist das göttliche Kind, das seine Welt kreiert!

Es ist nicht böse auf den gefundenen Glaubenssatz, es macht sich auch keine Vorwürfe, sondern es freut sich: „Wow, toll, ich hab die Möglichkeit, etwas Anderes zu kreieren!“

Doch das ist auch kein Muss. Es ist letztendlich egal: Es steht dir frei, deinen bisherigen Glaubenssatz weiter zu glauben, oder du kannst ihn beenden und wählen, etwas anderes zu glauben!

Wenn bei der Antwort Emotionen kommen, negative Emotionen, weil du dich durch Erinnerung an Geschichten ablenken lässt, dann bist du nicht mehr im neutralen, spielerischen Zustand. Du kannst aber trotzdem die Wahl treffen, den Glaubenssatz zu beenden. Du kannst zum Beispiel sagen: „Ja, ich bin jetzt wütend!“ Oder du kannst sagen: „Es ist Wut da!“ Probier mal beides aus - merkst du den Unterschied?

Bei „Ich bin jetzt wütend!“ identifizierst du dich mit dem Teil in dir (dem Ego), der wütend ist.

Bei „Es ist Wut da!“ stellst du schon fast neutral fest, dass sich Wut bemerkbar macht. Hier bist du nicht mehr mit der Geschichte identifiziert und somit hast du bessere Chance, aus der Emotion auszusteigen und das Drama zu beenden in dem du eine neue Wahl triffst:

„Ich bin im Frieden damit, dass Wut da ist!“

Dein Körper zeigt dir, ob dein Thema gelöst ist

Du hast vielleicht die Erfahrung gemacht, dass du zum Beispiel nicht so geliebt bist, wie du es gerne wärest, oder so, wie du bist, bist du nicht in Ordnung. Es tauchen entsprechende Glaubenssätze auf, wie: „Ich werde nicht geliebt!“, oder: „Ich bin nicht gut genug!“

Während du aussprichst: „Die Glaubensüberzeugung, dass ich nicht gut genug bin, ziehe ich zurück und lösche sie!“, ändert sich in deinem Körper sofort etwas. Du nimmst unmittelbar eine oder mehrere Reaktionen wahr.

Wenn du jetzt anstelle dieser destruktiven Überzeugung etwas Aufbauendes kreieren willst, dann formuliere deine neue Glaubensüberzeugung zum Beispiel so: „Ab jetzt bin ich geliebt, ab jetzt bin ich gut genug!“ und füge hinzu: „... und alle früheren Entscheidungen, die dieser neuen Entscheidung entgegenstehen, ziehe ich zurück und lösche sie.“

Nimm wahr, was daraufhin in deinem Körper passiert. Hat sich etwas gelöst? Ist vielleicht das unangenehme Gefühl geblieben oder neu hinzugekommen? Solange dein Körper auf dein Thema reagiert, signalisiert er, dass da noch andere destruktive Gedanken wirken, denen du noch eine Bedeutung beimisst. Wiederhole den Prozess so lange, bis dein Körper nicht mehr reagiert und sich angenehm neutral anfühlt.

Erinnere dich: der Körper macht ja nichts von sich aus, er folgt dem Geist. Er ist der Barometer dafür, welcher Geist in dir herrscht. Egogeist: Verspannung, - Heiliger Geist: Entspannung bzw. neutral. ... alle Themen sind Ego-Themen ...

FilmWechsel®-FAQ

Antworten auf oft gestellte Fragen

„Ich habe dieses Problem schon lange. Braucht es da nicht einen längeren Veränderungsprozess?“
Wenn du daran glaubst, dass es Zeit braucht, dann wird es so sein. Wenn du glaubst, es darf gleich passieren, dann wird es so sein.

FilmWechsel® verändert deine Einstellungen und deine Schwingungsfrequenz. Deine Einstellung bestimmt, was du erlebst oder eben was keine Wirkung mehr auf dich hat.

„Ist es nötig, anstelle des alten Glaubenssatzes eine neue Überzeugung zu wählen?“
Beim FilmWechsel® kannst du frei wählen, ob du dir ganz bewusst einen neuen Film kreierst oder alles der göttlichen Harmonie überlässt. Wenn ich das beende, was mich bisher behindert hat, reicht dies eigentlich aus. Ich muss dem nichts entgegensetzen, weil die göttliche Harmonie sowieso immer da ist. Sie wirkt ungehindert, sobald ich den trennenden Gedanken beendet habe. So, wie die Sonne immer scheint, ihre Strahlen erreichen uns aber erst, wenn die Wolken weg sind.

Du kannst, wenn du möchtest, eine Affirmation aussprechen und deine neue Entscheidung damit bekräftigen, aber du brauchst es nicht - es ist letztendlich egal.

„Ich habe ein Problem damit, etwas zu löschen. Ich möchte nichts auslöschen oder vernichten.“
Hier bedeutet das Wort „Löschen“ weniger etwas in dem Sinn zu vernichten, als etwas von seiner Bedeutung zu befreien.

Klar, dass dies ein Ende von etwas nach sich zieht. In unserer Kultur haben wir kollektiv Mühe mit dem Tod. Tod und töten sind etwas Schlimmes. Doch im Schöpfungsprozess ist „das Ende setzen“ ein Akt ohne mehr oder weniger Bedeutung als das „Erschaffen“.

Wir waren Schöpfer, als wir den Missstand kreiert haben und wir sind Schöpfer, wenn wir ihn beenden. Du kannst, anstatt: „Ich ziehe es zurück und lösche es!“, sagen: „Ich ziehe es zurück und damit verliert der Satz seine Wirkung auf mich! Er ist ab jetzt bedeutungslos!“

In jedem Fall würde ich dir empfehlen, das Thema „Vernichten“, „Löschen/Auslöschen“ und auch „Tod“ mit der FilmWechsel®- Methode zu bearbeiten.

„Was mache ich, wenn mein Trauma zu tief sitzt und ich nicht weiterkomme?“

Trauma oder traumatische Erfahrung heisst, dass etwas passiert ist, worauf dein System mit Erstarrung, mit Einfrieren reagiert hat. Es kann sowohl eine „Kleinigkeit“ gewesen sein, wie auch eine „schwerwiegende Sache“. Alle Traumata sitzen tief und können verschiedene Stufen haben. Ich empfehle, in solch einem Fall die Bearbeitung mit Hilfe und Begleitung eines erfahrenen Therapeuten auszuführen, weil unter Umständen eine ganze Lawine ausgelöst werden kann.

Andererseits, wenn du glaubst, du steckst fest, weil du eine traumatische Erfahrung hattest, könnte es auch sein, dass du einen Glaubenssatz kreiert hast, der die Lösung verhindert. Diesen Glaubenssatz kannst du in einem FilmWechsel®-Prozess auflösen! Anschließend wird sich auch das Trauma leichter lösen lassen. Vielleicht musst du mehrere FilmWechsel®-Durchgänge machen, wenn du nach dem ersten Durchgang merkst, dass sich noch ein unangenehmes Gefühl im Körper meldet. Traumata sind oft an verschiedenen Stellen im Körper gespeichert und melden sich nacheinander, wie Zwiebelschichten. Manchmal reicht aber auch schon ein einziger FilmWechsel®-Prozess, um ein Trauma zu lösen. - Aber wie gesagt, ich empfehle dir dazu eine Begleitung zu suchen.

Bist du bereit, den dich begrenzenden Gedanken zu beenden und dir selbst die Tür zur Heilung zu öffnen?

Wenn du glaubst: „Ich stecke fest, weil das Trauma sehr tief sitzt.“, dann sprich den Satz aus und spüre in deinen Körper hinein. Wo taucht ein unangenehmes Gefühl auf?

Starte den FilmWechsel®-Prozess, indem du dir einen ruhigen Ort suchst, wo du nicht gestört werden kannst (Handy auf Flugmodus stellen), und hörst deine selbst aufgenommene FilmWechsel®-Anleitung, oder aus der Audio-Coaching-Serie „Du bist der Diamant“ die entsprechende Aufnahme (siehe: *www.dr-bewusst-sein.de/schatztruhe/audios*) an, um die Speicherung auffindig zu machen und schließlich zu beenden.

Was passiert, wenn du den folgenden Satz aussprichst?:
„Ich ziehe den Glaubenssatz, dass ich traumatisiert bin, zurück und lösche ihn!“

Das Trauma hat nicht mit Generationen zu tun, sondern mit Inkarnationen. Es sind unsere eigenen Erfahrungen. Irgendwann, in irgendeinem Leben früher oder jetzt habe ich aus dem, was ich erfahren habe, einen Glaubenssatz kreiert und je länger ich daran glaube, desto mehr festigt und manifestiert er sich.

Gedankenhygiene zu praktizieren ist so was von elementar, dass ich es nicht genügend betonen kann! Nutze die Anleitung von der Webseite: *www.dr-bewusst-sein.de*, wenn du keine Vorerfahrung damit hast und lernen willst. Es ist sehr wichtig, unsere Gedanken ganz bewusst zu beobachten und zu erkennen, dass wir sie machen. Wir wählen (meistens unbewusst) aus, was wir gerade denken.

„Ich habe schon so viele Therapien gemacht und prägende Erfahrungen aus der Kindheit aufgelöst. Warum habe ich immer noch die gleichen Probleme?"
Viele psychologische Methoden arbeiten mit dem inneren Kind und den prägenden Erfahrungen mit den Eltern. Sie spüren diesen Verknüpfungen auf, aber lösen nicht den damit verbundenen Stress auf, der noch in Körper und Seele gespeichert ist. Man geht zwar in die richtige Richtung, aber nicht weit genug. Denn solange die Glaubenssätze, die hinter diesen Erfahrungen stecken, nicht erkannt und definitiv beendet werden, bleibt die geistige Blaupause des Problems bestehen, und die Person wird weiterhin ähnliche Erfahrungen machen.

„Reicht es, dass man einfach einen Satz ausspricht? Was, wenn das Problem vielschichtiger ist?"
Probleme sind meistens vielschichtig und erfordern „Zwiebelschälen". Die Schichten nach und nach aufzulösen kostet manchmal ein Paar Tränen, aber es braucht dich nicht zu beunruhigen. Tu es einfach! Du kannst öfter betonen, dass du den hindernden Glaubenssatz zurückziehst.

Wenn tief in deinem Unterbewusstsein Widerstand gegen etwas ist, spürst du das in deinem Körper. Die Reaktion kann ganz verschieden sein: Es kann Übelkeit sein, es kann Schmerz sein, es kann Verspannung sein oder irgendetwas anderes.

Ein unangenehmes Gefühl ist auf jeden Fall ein Zeichen, dass das Ausgangsthema mit etwas, das aus der Tiefe des Unterbewusstseins wirkt, im Zusammenhang steht. Damit arbeite ich dann weiter, nehme Schicht für Schicht alles wahr, was sich zeigt, und löse es.

Vollständig gelöst ist das Thema, wenn der Körper keine Reaktion mehr zeigt und möglicherweise in einem Zustand von Frieden, Ruhe und Leichtigkeit bleibt.

Menschen kommen mit allen möglichen Themen: Weil ein körperliches Problem sie plagt, weil sie berufliche oder geschäftliche Schwierigkeiten haben, oder Probleme mit einer Behörde, oder Beziehungsstress, oder finanzielle Sorgen, oder Familienprobleme, ganz egal. Oft ist es so, dass irgendwo im Hintergrund ein Problem mit einem Elternteil steckt.

Doch es wäre töricht zu glauben, es läge an den Eltern. Unsere Eltern sind unsere allerersten Bezugspersonen, somit die „Außenwelt“ und sind Repräsentanten aller Themen, die wir als Seele in diese Inkarnation mitbringen. Deshalb ist es so wichtig, die Themen, die wir mit unseren Eltern haben, konsequent und gründlich durchzuarbeiten, bis der Körper keine Reaktion mehr zeigt.

Da unsere Seele unsere Eltern gezielt aussucht, um die perfekte Spiegelung unserer Glaubenssätze, Gedanken und Gefühlsmuster zu gewähren, macht es Sinn, uns mit deren Glaubenssätze und Muster zu beschäftigen und die Umgebung, in der wir geboren wurden, genauer anzuschauen.

Wenn du nicht mehr „allergisch“ auf deine Eltern reagierst, wenn du im Frieden mit ihnen bist, dann ist es gut. Weder ihr Aussehen, noch ihre Stimme, noch das Wort „Vater“ oder „Mutter“ kann in dir unangenehme Körperreaktionen auslösen? Dann hast du es geschafft.

Fang also an, in der Beziehung zu deinen Eltern aufzuräumen. Dies wirkt sich nicht nur positiv auf deine weiteren Beziehungen aus, sondern auf dein ganzes Leben!

Warum? Weil sie Gradmesser dessen sind, wie „musterfrei“ du bist! Je weniger Muster, desto mehr Freiheit und Lebensqualität.

(Übrigens: In meiner Audio-Coaching-Set-Serie gibt es eine Anleitung, wie ich die FilmWechsel®-Methode zur Klärung von Beziehungen anwende.)

Wie unterscheidet sich FilmWechsel® von NLP, von Matrix- Energetics oder von anderen energetischen Heilmethoden?
Als eine NLP-Meisterin beim FilmWechsel®-Workshop teilnahm, habe ich sie gefragt, was für sie den Unterschied ausmacht. Sie sagte: „Die Methode FilmWechsel® ist eine Art ‚Spirituelles NLP' - sie wirkt, weil sie nichts erreichen will und weil man dabei nicht wertet."

Wir alle wollen unser Problem loswerden, also durchaus etwas erreichen.

Das ist die Ausgangslage, darum kommen die Leute. Jedoch fast unbemerkt nehmen sie im Spielen die Haltung auf: Nichts erreichen, nur spielen wollen. Das „Nicht werten" ist dann eine Konsequenz dessen, dass ich nichts mehr erreichen will... deshalb wirkt die Methode.

Die meisten Therapie- und Coachingmethoden arbeiten auf der dualen Ebene. Der duale Geist wertet. Er sagt: „Ich bin in einer Situation, die ich so nicht haben will. Ich will etwas anderes." Dieser Geist ist im Unfrieden.

Er ist im Unfrieden, weil er in Konflikt mit dem ist, was ist. Er kann nicht akzeptieren - siehe Egomechanismen (Seite 93). Der Prozess beim FilmWechsel® ist vor allem auch ein Prozess des Akzeptierens und des Frieden-Schliessens.

Jeder Zustand ist die Folge einer Entscheidung. Dabei passieren viele Entscheidungen unbewusst. Energetische Heilweisen, ob Matrix, Zweipunkt, Geistheilen, etc. zeigen deinem Energiefeld, wo es langgeht, und wirken oft auch beeindruckend, doch oft leider nicht langfristig. Der Grund dafür ist: Kein Wesen, kein Feld ausserhalb von uns kann für uns eine alte Entscheidung revidieren und eine neue treffen. Die Ursache meines Problems war ja eine Entscheidung, die ich irgendwann einmal getroffen habe. Weil wir mit FilmWechsel® genau diese Ursache verändern, wirkt sie langfristig.

„Wie treffe ich eine neue Entscheidung so, dass sie mir gut tut und nicht nach hinten losgeht?“
Alles was ist, ist weder gut noch schlecht, sondern es ist. Befinde ich mich aber in der Phase der Ablehnung von irgendetwas, dann bin ich nicht fähig, das zu verändern. Deshalb ist (während des Film-Wechsels®) die Haltung des unbefangenen Kindes, das spielt, sehr wichtig!

Ich spreche dieses „Zurückziehen und Löschen“ - aus dieser verspielten Haltung, aus dem inneren Frieden heraus und weiß: Diese Seite (das Angenehme) und jene Seite (das Unangenehme) sind egal. Dabei ist mein Solarplexus total entspannt. Wenn der Solarplexus verspannt ist, dann ist der Egowille noch aktiv. Wenn du Entscheidungen aus dem Ego heraus triffst, kann dein Herz sich sehnen und machen was es will, es funktioniert nicht. Das Herz kann sich nicht wirklich öffnen, wenn der Solarplexus angespannt ist.

Der Wille sitzt im Solarplexus. Das Herz kann eine Richtung geben, aber es braucht die Unterstützung des Willens.

Mach dir aber keine Sorgen! Geh spielerisch mit der Methode um. Es ist ja ein Spiel! Freu dich und experimentiere!

Probiere aus, was für eine Macht in der gesprochenen Sprache liegt! Staune! Entdecke, dass du deine Schöpfung jederzeit immer und überall zurückziehen kannst! Vergiss nicht, dass du der Schöpfer bist und dass du, egal was du in die Welt setzt, es genauso gut wieder beenden kannst: Denn, wenn du deiner Schöpfung die Bedeutung entziehst, wirk sie nicht mehr.

Wenn du unsicher bist, nutze die kostenlos herunterladbare Anleitung zur Gedankenhygiene (*www.dr-bewusst-sein.de*)

Wie ist es, wenn man etwas unbedingt erreichen will?
Das ist dasselbe, wie wenn man etwas stark ablehnt. Wenn die versteckte Motivation ist, aus Angst etwas zu vermeiden und ich deshalb etwas anderes anstrebe, kann das zurückschlagen und das Gegenteil dessen bewirken, was ich beabsichtigt habe.

„Wenn deine einzige Motivation etwas zu tun - Gott Freude zu bereiten ist, dann tue es! Wenn du eine andere Motivation hast, dann lass es!“, sagte mein spiritueller Lehrer. „Du hängst dich nicht an das Ergebnis und dein Tun hat die Chance, dass es gelingt!“

Was ist, wenn Menschen von Sorgen motiviert sind? Wie zum Beispiel bei der Montagsdemo? Wenn Menschen meinen, man muss was tun, die Welt verbessern, sich sinnvoll einbringen? Welche Haltung braucht man, damit es überhaupt Aussicht auf Erfolg hat?
Meine Haltung ist: Ich tue mein Bestes nach meinem besten Gewissen und das Ergebnis überlasse ich Gott/dem höheren Bewusstsein.

Meine Motivation zu tun ist: das Erkennen „Es ist jetzt zu tun!“ und nicht „Ich will das oder jenes erreichen“.

Es ist immer das Ego, das im Hintergrund wirkt, denn das Ego will etwas erreichen. Es lehnt „A“ ab und will dessen Gegenteil, nämlich „B“ erreichen. Es kann nicht gleichzeitig zu beiden „JA“ sagen.

Was sagst du zu den Chemtrails, wo Aluminium und Barium auf uns gesprüht werden?
Ich kann nicht 100% wissen, ob es wahr ist. Information ist auch Manipulation. Paramahansa Yogananda sagte: „Tatsachen, die verletzen, entsprechen nicht immer der Wahrheit. Denn Wahrheit bringt nur Segen!“

In wissenschaftlicher Terminologie könnte ich das Feld, in dem Alles existiert, als das Feld der Möglichkeiten bezeichnen. Durch meine Beobachtung/Aufmerksamkeit bricht dieses Feld zusammen und es entsteht eine der Möglichkeiten. So kreiere ich durch meine Aufmerksamkeit auf das, was ich bereits kenne, immer den gleichen Gedanken und damit das, was ich „Aussen" erschaffe.

Es gibt letztendlich keinen, der denkt. Der universelle Geist produziert ununterbrochen Informationen. Der universelle Geist ist der Schöpfergeist, Gott, oder wie immer man es benennen mag, und wir sind Teil dessen.

Sehe was ist und sage: „Ja, ich habe es kreiert, und ich anerkenne meine Kreation." Und dann kann ich es verändern. Denn dann kann ich aus einer neutralen Position die Auswirkungen sehen und es bereuen. Aber ich bin nicht gegen irgend jemanden oder irgend etwas. „Es tut mir leid, ich sehe jetzt das Ergebnis und es ist nicht das, was ich wollte." Das genügt oft, damit Veränderung geschieht.

Wie entstehen Gedanken und warum ist es für dich relevant, dies zu wissen?
Den Prozess, wie ein Energiefeld sich zu Gedanken formt, kannst du in der Stille beobachten. Wenn wir in der Stille sind, können wir nach etwas Übung wahrnehmen, dass die Gedanken aus verschiedenen Richtungen auftauchen. Sie tauchen aber nicht direkt als geformte Gedanken auf, sondern wir nehmen sie zuerst als eine Energie/Schwingung/Welle wahr. Unser Gehirn „übersetzt" diese Welle.

Aufgrund unserer Aufmerksamkeit kommt etwas in Bewegung, das sich zwischen Entstehen und Nichtentstehen bewegt ... es ist eine Oszillation zwischen Ja und Nein. Habe ich zum Beispiel das Programm „Geliebt - nicht geliebt", so reagiert mein System und lenkt meine Aufmerksamkeit auf die Schwingung, die mit dem mir schon bekannten Gedankenmuster übereinstimmt, in diesem Fall lautet es: „Ich bin geliebt" oder „Ich bin nicht geliebt".

Gedanken entstehen also nicht im Gehirn und nicht im Kopf, sondern sie sind als elektromagnetisches Schwingungsfeld überall gegenwärtig.

Unsere Aufmerksamkeit wählt aus diesem Feld diejenigen Schwingungen aus, die mit unseren Einstellungen und Programmen übereinstimmen und unser Gehirn übersetzt sie dann entsprechend für unser Bewusstsein.

Da wir in der Polarität leben - das heißt, in einer Welt, in der alles zwei Pole hat: hell und dunkel, leicht und schwer, groß und klein, innen und außen und so weiter - sind auch Gedanken und Emotionen immer polar. Die beiden Seiten der polaren Gegensätze sind immer gleichzeitig da: Macht - Ohnmacht, Angst - Furchtlosigkeit, Wut - Frieden, Freude - Trauer und so weiter.

Auf Grund unserer unbewussten Glaubensüberzeugungen (mentale Programme) sind wir gewohnt, unsere Aufmerksamkeit nur auf die eine Seite zu richten. Dabei nehmen wir nicht wahr, dass gleichzeitig auch die andere Seite da ist.

Wenn wir mit unserer Aufmerksamkeit nur den einen Teil der Polarität sehen, entstehen einseitige, bewertende Gedanken. Aus diesen Gedanken folgen entsprechende Gefühle und Emotionen.

Wenn du ihr Entstehen verstanden hast und vielleicht sogar auch beobachten kannst, dann fällt es dir leichter, deine Gedanken und Emotionen so zu nehmen, wie sie sind - und vor allem identifizierst du dich nicht länger mit ihnen.

Daher dranbleiben - mit Liebe und Aufmerksamkeit!
Bleib dran, dann kannst du bald die Früchte ernten, unter widrigen Umständen stressfrei bleiben, mit innerer Sicherheit Entscheidungen treffen, dem Leben vertrauen in Gewissheit: Es will immer unser Bestes! Und es liegt an mir, was immer ich denke und glaube!

Hier nochmals zusammengefasst: Wieso funktioniert die Film-Wechsel®-Methode?
Weil im Hintergrund des Prozesses folgende entscheidende Voraussetzungen gesichert sind:

- Es geschieht aus einer Akzeptanz dessen heraus, was ist. Was immer ist, wird anerkannt.
- Die Projektion wird zurückgenommen, ich bekenne mich zu meinem Schöpfertum und nehme meine Verantwortung an.

- Mit dem Erkennen: „Ich bin es, ich hab es getan!" und mit der Entscheidung es zu beenden, verliert die Vergangenheit ihre Kraft.
- Alle Formen der materiellen Welt bestehen zu 99,99% aus Informationen, wie Gedanken. Deshalb müssen wir mindestens 99,99% die Gedanken verändern, wenn wir die „Materie" verändern wollen.

Das Thema Erfolg

Es kommt oft vor, dass Menschen, die von einer starken Erfolgsmotivation angetrieben sind, von außen betrachtet erfolgreich aussehen, dennoch fehlt ihnen etwas. Sie empfinden oft Leere und Sinnlosigkeit.

Erfolg im „Aussen" ist erst wirklich befriedigend, wenn im Inneren Erfüllung da ist. Erfüllung fühlt man, wenn man sich mit seinem göttlichen/höheren Selbst verbunden fühlr.

Wer angetrieben von seinem Ego-Selbst nach Erfolg jagt, erfährt nur Trennung, Verletzen und Verletztwerden.

Welche erfolgsbehindernden und trennenden Glaubensüberzeugungen möchtest du gerne in erfolgsfördernde, verbindende Überzeugungen umwandeln?

Überleg mal! Durchforste dein Leben nach erfolgshindernden Glaubensüberzeugungen: Sammle zuerst die Denkmuster, die dir bereits mehr oder weniger bewusst sind, zum Beispiel:

- Ich muss immer etwas zu tun haben.
- Ich muss der/die Beste sein.
- Ich muss alles unter Kontrolle haben.
- ....

Wie lauten deine erfolgsbehindernden und trennenden Glaubensüberzeugungen? Nimm einen Stift und ein Blatt Papier und schreib alle auf, die dir spontan einfallen.

Wenn du damit fertig bist, wähle einen Satz aus und füge ihn hier ein:
„Den Glaubenssatz ....
(zum Beispiel: „Ich muss alles unter Kontrolle halten")
ziehe ich zurück und beende ihn, so dass er ab sofort wirkungslos ist."

Sprich die gesamte Aussage laut aus und beobachte dabei, was in deinem Körper passiert. Was fühlst du?

Verstärke die Wirkung, indem du eine verbindende Einstellung wählst.
„Ab sofort bin ich ...." (verbindende Einstellung)
„Ab sofort habe ich ...." (zum Beispiel: „Ich vertraue ab sofort dem Leben und lasse die Kontrolle los und alle früheren Entscheidungen, die diese neuen Entscheidungen entgegenstehen, ziehe ich zurück und lösche sie.")

Schau nach diesem Schema auch andere Themen an, wie z.B.:

Thema: Sicherheit
Welche einschränkende Glaubensüberzeugung ist dir aus deinem Leben / durch deine Eltern bekannt, was Sicherheit betrifft?
Notiere sie:
....
„Den Glaubenssatz ....
(zum Beispiel: „Ich muss Immobilien haben, damit ich genügend Sicherheit habe") ziehe ich zurück und beende ihn, so dass er ab sofort wirkungslos ist."

Sprich die gesamte Aussage laut aus und beobachte dabei, was in deinem Körper passiert. Was fühlst du?

Thema: Geld

Notiere: Welche einschränkende Glaubensüberzeugung ist dir aus deinem Leben / durch deine Eltern bekannt, was Geld betrifft?

....

Thema: Selbstwert

Notiere: Welche einschränkende Glaubensüberzeugung ist dir aus deinem Leben / durch deine Eltern bekannt, was den Selbstwert betrifft?

....

Thema: Arbeit

Notiere: Welche einschränkende Glaubensüberzeugung ist dir aus deinem Leben / durch deine Eltern bekannt, was Arbeit betrifft?

....

Thema: Gesundheit

Notiere: Welche einschränkende Glaubensüberzeugung ist dir aus deinem Leben / durch deine Eltern bekannt, was Gesundheit betrifft?

....

Thema: Liebe

Notiere: Welche einschränkende Glaubensüberzeugung ist dir aus deinem Leben / durch deine Eltern bekannt, was Liebe betrifft?

....

Fällt dir vielleicht auf, dass du dabei voll im „Machen“ bist und willkürlich etwas erreichen willst?

Das schwächt die Wirkung. Jetzt probiere aus was geschieht, wenn du das volle Programm der FilmWechsel®-Methode durchführst!? Du wirst merken, es geschieht etwas anderes. Denn das unschuldige Kind, das spielt, ist mit dem Thema ausgesöhnt, dem geht es nicht um etwas „wegmachen wollen“. Es spielt um des Spielen willens und dabei geschieht unwillkürlich Veränderung.

Wenn es uns gelingt, uns von der Anstrengung des Erreichenwollens - sogar vom Streben nach Erleuchtung zu entspannen, dann erkennen wir den Frieden und die Freiheit, die immer schon da sind. In diesem Sinne ist unser absoluter Wesenskern schon immer erleuchtet! Wir bilden also Bodhisattvas aus, indem wir sie darin unterstützen, zu erkennen, was schon hier ist. Wir arbeiten sozusagen nur heraus und erkennen an, was sie bereits sind.

Viele Menschen idealisieren Erleuchtung und glauben, das wäre ein Zustand andauernder Glückseligkeit oder übermenschlicher Unberührtheit. Solche Vorstellungen erzeugen oft nur weiteres Leiden.

Durch FilmWechsel® wird jedes Problem zum Geschenk

Was du erlebst, ist Folge deiner früheren Entscheidungen. Deine Gedanken schaffen das Klima, in dem du lebst. Ich glaube, dass die meisten Menschen tief in ihrem eigenen Inneren dieses Wissen bereits haben, sie brauchen nur daran erinnert zu werden. In meinen Workshops geben mir die Teilnehmer oft die Rückmeldung, dass das, was ich sage, sie in dem bestärkt, was sie innerlich schon ahnen. Lass dich von den Fallbeispielen inspirieren:

Wendepunkt meines Lebens
Claudia, 41 Jahre
Alter Film: „Auf der Suche nach Liebe"

Mein Problem war: Ich fühlte mich nicht in meiner Kraft. So habe ich jahrelang nach einem Weg gesucht, wie ich meine inneren Blockaden lösen kann. Zufällig begegnete mir Katalins Podcast. Ihre Beiträge habe ich mir dann jede Woche angehört, und die Botschaften haben mich sehr angesprochen. So entschloss ich mich, ein Seminar bei ihr zu besuchen, denn ich wollte sie kennenlernen.

Der Anlass dazu war: Die schriftliche Heilpraktiker-Prüfung hatte ich geschafft, aber in der mündlichen Prüfung saß ich wie ein kleines Mädchen, ich wusste nur noch, dass Blut rot ist, alles andere war weg.

Früher hatte ich vor solchen Seminaren immer eine gewisse Skepsis. Das war jetzt anders. Ich fühlte ganz klar: Das ist gut, das mache ich jetzt. Da war ein großes Vertrauen in mir.

Im Seminar „Lebenstraining" haben wir mit der Film-Wechsel®-Methode viele Themen bearbeitet. So haben wir auch unsere Vater- und Mutter-Themen eins nach dem anderen geklärt. Dabei ist mir aufgegangen, dass ich mich selbst mein Leben lang klein gehalten habe!

Ich bin eine Frühgeburt, bin vier Wochen zu früh gekommen. Früher sagte meine Mutter mir immer wieder mal: „Du bist so klein gewesen, ich hab nie geglaubt, dass ich dich groß kriege!“ und „Du bist zu klein!“

Dieses „zu klein!“ hallte in mir nach, mein ganzes Leben lang ... So habe ich mir nie erlaubt, in meine Kraft zu kommen. Ich habe geglaubt, dass mir die Kraft fehlt, weil ich zu klein bin.

Später im Seminar machten wir noch eine einfache Übung, bei der man ganz entspannt sitzt, die Augen schließt und Katalin die Frage stellt: „Fühlst du dich wertvoll, auch wenn du nichts tust?“

Diese Frage war der Wendepunkt meines Lebens. Ich sah mein Leben vor meinem inneren Auge ablaufen und hab mit einem Schlag all die Wahrheiten erkannt, die man so kennt: „Lebe dein Leben, du hast die Kraft in dir, du bist wertvoll usw.“ Ich habe diese Sätze zwar gedanklich immer für wahr gehalten, aber ich konnte sie nie richtig fühlen.

Und ich habe verstanden, dass ich immer nach Liebe gerungen habe. Mein ganzes Handeln war davon bestimmt, im Außen Liebe zu erhalten. Das ist die Hölle, das sind sehr tiefe, schmerzhafte Gefühle von Getrenntsein. Ich fühlte mich bedürftig und leer, und so war ich immer auf der Suche nach einer Quelle, einer Energie, die mich erfüllt.

Ich sah mich von oben, ich sah ein hilfloses Kind, das nur nach Liebe schrie. Das hat mich sehr berührt und mitgenommen ... ich sah, all mein Handeln war nur ein Schrei: „Mensch Leute, habt mich lieb, denn ich hab diese Liebe nicht!“ Als ich dies voll und ganz gefühlt und erkannt hatte, erfüllte mich eine tiefe Liebe zu mir selbst. Danach fühlte ich mich zum ersten Mal im Leben heil und ganz.

Jetzt kenne ich die andere Seite, kenne das Gefühl, ganz erfüllt zu sein, ganz in mir zu ruhen. Aber damals, da fehlte mir dieses Gefühl von Wertigkeit.

Während dieser Übung hatte ich die Vision, dass neben mir ein goldener Thron ist, und jeder Mensch, der auf diesem Thron Platz nimmt, der ist bei sich, der ist getragen. Diese Erfahrung ging mir durch und durch, ich war total berührt.

Die Hölle, das ist, wenn man nicht bei sich ist und dadurch im Außen Abhängigkeiten schafft. Ich wusste das mental immer schon, aber ich konnte es nicht fühlen. Ich wurde schon aggressiv, wenn ich nur diese tollen Sprüche las! Ich wusste, die haben alle recht - aber hallo, sag mir doch mal einer, wie komme ich denn dahin?! Wo ist der Schalter? Wie kann ich mich umschalten?

Jetzt hat mir das jemand gezeigt und ich bin einfach nur zutiefst dankbar.

Neuer Film: „Ich ruhe in mir und bin voller Freude"

Was hat sich in meinem Leben verändert? Ich habe jetzt sehr, sehr viel Freude! Zeichnen, das liebe ich, ich habe früher mal Porträts gezeichnet und auch verkauft. Jetzt zeichne ich wieder. Wunderbare Bilder entstehen, das macht so viel Freude!

Vorher hat in meinem Leben jahrelang der Verstand geherrscht. Da wurde ständig bewertet und abgewogen: Bringt diese Sache mir was, ist das sinnvoll, oder nicht?

Jetzt, wo ich in der Freude bin, stellen sich diese Fragen nicht mehr. Denn das, was ich jetzt tue, fühlt sich zutiefst sinnvoll an: Innerlich ist ein Ventil aufgegangen, da kommen ganz viele künstlerische Ideen und die setze ich jetzt in die Tat um. Und die Heilpraktiker-Prüfung sehe ich jetzt als Klacks, als nichts Dramatisches mehr.

Was mich so fasziniert ist: Man hört oder liest etwas, und man weiß innerlich, hier wird Wahrheit gesprochen. So ist es mir im FilmWechsel®-Seminar gegangen. Es gibt viele Methoden und Techniken, aber FilmWechsel® empfinde ich als die Mutter der Techniken. Die Übungen sind sehr einfach und sehr effektiv, und was ich sehr wichtig finde: Hier werden alle Ebenen angesprochen, Körper, Gedanken, Gefühle - sogar die Einflüsse aus vergangenen Leben werden bereinigt.

Die Angst ist weg!

Heiko, 48 Jahre

Alter Film: „Große Angst vor Autoritäten“

Bevor ich die FilmWechsel®-Methode kennengelernt habe, hatte ich schon immer großen Respekt vor der Polizei und anderen Ordnungsbehörden - und auch vor Leuten, die ich für wichtig hielt. Nur ein Beispiel: Beim Autofahren, wenn mir auf der Gegenseite ein Polizeiwagen entgegen kam, ging mir der Puls hoch ... vor Angst: Hab ich jetzt alles richtig gemacht? Ich darf bloß nicht auffallen! Was mach ich, wenn die mich anhalten? Das war ein fürchterliches Kopfkino, ziemlich anstrengend!

Diese Angst vor Autoritäten haben wir mit der FilmWechsel®-Methode angesprochen, durchgearbeitet, und der ganze Stress ist weg. Absolut wie weggewischt!

Neuer Film: „Autorität? Na und?“

Es ist mir jetzt vollkommen egal, ob die Polizei mir fünf Kilometer hinterherfährt oder mit zehn Autos mir entgegenfährt - da rührt sich nichts mehr, das ist jetzt völlig normal. Ein, zwei Tage nach der FilmWechsel®-Sitzung war mal wieder so eine Situation, ich war unterwegs und da kam ein Polizeiwagen, und: Nichts. Alles o.k. Das hat mich schon verblüfft ...

Wie ich den FilmWechsel®-Prozess erlebt habe? Die Sitzung war intensiver als ich gedacht hatte, es gab auch ein, zwei Tränen. Aber Katalin hat mich da sauber durch- und rausgeführt. Es ging allgemein um Autoritätspersonen. Auch mein Vater tauchte dabei auf, was mich wunderte, weil er eigentlich gar nicht so autoritär war. Das Glaubensmuster loszulassen, das hinter meinen Ängsten steckte, ging dann ganz leicht.

Ich kann die FilmWechsel®-Methode jedem empfehlen - mit gutem Gewissen, weil ich weiß, dass es funktioniert. Das Gute ist, man muss sich dabei nicht anstrengen und man braucht keine großen Vorbereitungen zu treffen. Es geht ganz einfach und leicht. Ich finde es faszinierend, was für innere Bilder dabei auftauchen und in welcher Intensität. Katalin führt einen einfach durch - wenn man sich darauf einlässt, war es das schon!

Mühelos reichlich Geld verdienen

Petra, 42 Jahre

Alter Film: „Viel Arbeit, wenig Brot“

Viele Jahre lang war ich voll und ganz für meine Kinder da gewesen, darüber bin ich sehr froh. Doch nach der Trennung von meinem Mann wurde es finanziell schwierig. Ich wollte nicht von seinem Unterhalt abhängig sein, hatte aber Schwierigkeiten, einen Job zu finden, den ich mit meinen Mutterpflichten vereinbaren konnte - also machte ich mich selbstständig.

Die Selbstständigkeit war die beste Lösung, um Schritt für Schritt in das Berufsleben zurück zu finden, aber auch mühevoll, viel Arbeit für wenig Brot ...

Als dann der Unterhalt wegfiel, weil ich eigenes Geld verdiente, hätte ich mich eigentlich freuen können, weil ich nun finanziell auf eigenen Beinen stand. Doch das bisschen Geld reichte hinten und vorne nicht, und ich fühlte mich wie bestraft für die Trennung, die von mir ausgegangen war.

Ich wusste nicht mehr weiter und beschloss, mir Hilfe zu holen. Schon seit Längerem hatte ich immer wieder an tiefsitzenden Mustern und Prägungen gearbeitet und erkannt, woher sie kamen: Meine Mutter war überbehütend gewesen, der Vater fehlte - und ich wiederholte diverse Muster von beiden. Doch trotz der vielen inneren Arbeit hatte ich immer noch mit den gleichen Problemen zu tun. Mit Katalins Hilfe hoffte ich, endlich den Durchbruch zu schaffen, mich von den alten Prägungen zu befreien.

Ich hatte schon gehört, dass man bei der FilmWechsel®-Methode über den Körper an die belastenden Gefühle herankommt - und genau das war mir wichtig, denn ich litt unter schmerzhaften Verhärtungen und Verkapselungen im Hals- und Brustbeinbereich.

Als ich diese Energien dann in meinen Händen hielt und sie ansah, bekam ich Angst und verspürte Ekel. Dann sollte ich zu einem kleinen Kind werden und mit diesem Zeug spielen! Im ersten Moment war ich ein jämmerliches, verängstigtes Kind. Doch dann hörte ich, dass dieses Kind nur unbekümmert mit diesen zuerst so bedrohlich aussehenden Gebilden zu spielen brauchte! Erstaunlicherweise machte ihm das gar nichts aus, und das Kind in mir war auf einmal ganz unbeschwert, verspielt und voller Freude - was für ein Wandel!

Ich genoss diesen Zustand göttlicher Unbefangenheit ... und als ich genug gespielt hatte, liess ich meine „Spielzeuge" los, sodass sie für sie passenden Plätze im Universum einnehmen konnten. Gleichzeitig erkannte mein innerer Beobachter, dass nicht Groll, sondern genau dieses freudige Übergeben der Wirrnisse im Sinne Gottes ist.

Die Botschaften, die die Objekte offenbarten, kamen von selbst. Durch meine vorherige Arbeit an den Themen waren sie mir nicht neu, doch jetzt konnte ich sie viel klarer und deutlicher formulieren und als Irrtümer erkennen, die ich ganz einfach beenden kann, indem ich dies entscheide und ausspreche!

„Die Glaubensüberzeugung, ... ziehe ich zurück und lösche ich!" auszusprechen, war für mich wie ein Schritt über die Schwelle zu einem neuen Leben - ein Leben, in dem ich nun frei bin, ganz ich selbst zu sein.

Während dem Aufdecken der Irrtümer und Glaubenssätze weinte ich viel, zunächst aus Selbstmitleid. Dann schmolz das Leid und wurde zur Rührung über das reine, unbekümmerte Kind, das sich immer wieder mutig neuen Objekten stellte, die schließlich immer schneller gelöst werden konnten ... Am Ende der Sitzung fühlte ich mich zutiefst gelöst, ausgeweint und befreit.

In den folgenden Wochen fühlte ich noch einen Rest Verletzlichkeit und merkte, dass ich noch etwas Nacharbeit brauchte. Dazu las ich viel in Ein Kurs in Wundern, richtete mich auf den Willen des Höchsten aus und machte täglich die Gedanken-Check- und Körper-Check-Übungen. Dabei fiel mir ein, dass ich mich entscheiden musste! Aber nicht dafür, die Selbstständigkeit aufzugeben, denn diese Tätigkeit erfüllt mich sehr, sondern dafür, reichlich und mühelos Geld zu verdienen!

Neuer Film: „Ich verdiene mühelos reichlich Geld"

Mit dieser neuen Einstellung kam auch gleich die Idee, mal meinen Gesichtskreis zu erweitern. Ich besuchte zwei Jobmessen und erlebte dabei voller Freude, wie ich mit Leichtigkeit auf Menschen zugehen kann, und dass ich durch meine Selbstständigkeit und die FilmWechsel®-Arbeit einen inneren Reifeprozess durchgemacht habe. Das gab mir den Anstoß, wieder auf Stellensuche zu gehen, und ich beherzigte den Tipp meiner Tante, eine Zeitungsanzeige aufzugeben. Das erforderte einigen Mut, aber ich traute mich, und siehe da, es klappte! Ich habe auf diesem Wege einen Job gefunden, in dem meine Stärken gefragt sind und der mir Freude macht, und ich habe nun endlich ein gutes und regelmäßiges Einkommen!

Tausend Dank dir, liebe Katalin, für deine klare und einsichtige Art, falsche Programmierungen erkennen und auflösen zu helfen. Nichts Überflüssiges wird erörtert, alles darf offen und ehrlich angeschaut werden. Ich habe es als äußerst konstruktiv empfunden.

Die Welt steht mir offen

Nadja, 42 Jahre

Alter Film: „Die Welt ist so hart ... Ich will klein bleiben!“

Vor zwei Monaten habe ich durch eine Freundin die FilmWechsel®-Methode kennengelernt. Sie hat mich durch den Prozess begleitet, von dem ich hier berichten möchte.

Zu dieser Zeit lebte ich seit mehreren Monaten in einem kleinen Zimmer bei meiner Tante, wo ich vorübergehend untergeschlüpft war. In meiner alten Wohnung hatte ich mich zuletzt nicht mehr wohl gefühlt und diese daher gekündigt, im Vertrauen, zu gegebener Zeit eine neue zu finden. Doch obwohl ich schon monatelang suchte, fand ich nichts Passendes.

Meine aktuelle Wohnsituation bestand also aus einem Bett, umgeben von lauter Umzugskartons ... Völlig absurd, mit 42 Jahren, als gestandene Frau mit Job und ordentlichem Einkommen! Warum steckte ich nur fest in dieser Situation? Ich war neugierig, wie die FilmWechsel®-Methode mir helfen könnte, diese Blockade, die ich bisher nicht zu greifen gekriegt hatte, zu lösen.

Gleich zu Beginn der FilmWechsel®-Sitzung, als ich gefragt wurde, wo ich mein Problem im Körper fühle, meldete sich ein großer seelischer Schmerz: Die Welt da draußen ist nicht so schön wie das Leben damals bei meinen Eltern!

Ich bin als Einzelkind aufgewachsen. Meine Kindheit war sehr behütet. Es gab auch Dinge, die nicht gut waren, aber meine Eltern sind sehr liebevoll mit mir umgegangen. Bei uns herrschte ein sehr feinfühliger Ton, den gibt es in dieser Form in der Welt draußen oft nicht, und ich war es nicht gewöhnt, mich in der Außenwelt in irgendeiner Form zu behaupten. Ich war schon immer ein sensibles Kind. Wenn andere Leute ruppig zu mir waren, hat mir das sehr zugesetzt und ich war dann froh, wieder zu Hause bei meinen Eltern zu sein. Wie sehr vermisste ich diese Geborgenheit, diesen sicheren liebevollen Ort!

Als ich den Schmerz aus meinem Körper holte, zeigte er sich als längliches Objekt. Damit zu spielen brachte mich aber unversehens in einen Zustand von Freude und Leichtigkeit, das war richtig schön! Als das Objekt dann seinen Platz im Universum finden sollte, ging es hinter meinen Rücken und ich wusste, es hat seinen Platz in meiner Vergangenheit eingenommen, wo es ja auch nach meiner Ansicht hingehört.

Auf die Frage „Wie habe ich dich kreiert? Was habe ich gedacht, was habe ich gefühlt?“, kam aus meinem Inneren die Antwort: „Ich will klein bleiben, damit bestimmte Dinge nicht geschehen.“

Meine Freundin sprach mir dann vor, und ich sprach es laut nach: „Die Glaubensüberzeugung ‚Ich will klein bleiben, damit bestimmte Dinge nicht geschehen‘ ziehe ich zurück und lösche sie.“

Wir beide spürten, dass es damit noch nicht getan war. Glücklicherweise fiel meiner Freundin dann noch ein weiterer Aspekt ein, der ins Schwarze traf: „Die Glaubensüberzeugung ‚Ich kann verhindern, dass bestimmte Dinge geschehen‘ ziehe ich zurück und lösche sie.“ Als ich diesen Satz aussprach, musste ich heftig schluchzen ... Ein paar Augenblicke später fühlte ich eine innere Befreiung.

Wir wiederholten den Satz noch einmal und fügten hinzu: „Ab sofort bin ich in meinem Lebensfluss. Ab sofort bin ich groß. Ab sofort entfalte ich mein volles Potenzial. Alle Glaubensüberzeugungen, die dieser neuen Entscheidung entgegenstehen, ziehe ich zurück und lösche sie."

Neuer Film: „Ich bin groß und entfalte mein volles Potenzial"

Danach ließ ich meine Augen noch eine Weile geschlossen, um das Erlebte nachklingen zu lassen. Das war gut und wichtig, denn in Windeseile ordnete sich in meinem Inneren alles neu ... mit einem Mal konnte ich mit neuen, erwachsenen Augen auf mein Leben schauen, und vor allem, es auch fühlen:

Es ist schön, meinen Vater zu besuchen (meine Mutter lebt nicht mehr), aber diese ganz enge Zeit, die wir mal hatten, ist Vergangenheit. Mein Lebensmittelpunkt ist jetzt nicht mehr dort, sondern bei mir! Bisher hatte ich immer das Gefühl, nicht genug von meinem Vater zu bekommen, da er krank ist. Als ob ich immer noch existenziell auf ihn angewiesen wäre. Doch so ist es ja nicht, im Gegenteil, ich habe ja meine eigene Existenz, auch beruflich - ich stehe ja mitten im Leben! Realität ist das schon die ganze Zeit, aber jetzt fühle ich es auch!

Jetzt ist mir auch klar, warum ich gar keine Wohnung finden konnte und bei meiner Tante gelandet bin: Mein inneres Kind wollte wieder bei der Familie unterschlüpfen, wollte Geborgenheit, klein sein und versorgt werden. Ach, und deshalb bin ich bisher auch beruflich unter meinen Möglichkeiten geblieben! Bin trotz meinen guten Ausbildungen immer in irgendwelchen Hilfsjobs gelandet!

Die Leute preschen so an mir vorbei, aber ich komm nicht raus in mein Leben, weil ich innerlich noch Kind sein will. „Alle wundern sich, und man selbst sitzt irgendwie auf dieser Bremse."

Jetzt spüre ich: Die Welt steht mir offen! Ich fühle mich auf einmal total intellektuell, spüre mein Potenzial, ganz unumstößlich, dass es so ist, als Seins Zustand.

Einen Monat später hat mein Arbeitgeber mir überraschenderweise eine neue Aufgabe übertragen, die mir große Freude macht und wo ich meine Talente voll ausschöpfen kann. Letztes Wochenende bin ich umgezogen. In eine Wohngemeinschaft mit tollen Menschen, die alle sehr spannenden Beruf(ung)en nachgehen.

Was mir nicht gut tut, kann ich beenden

Martin, 53 Jahre

Alter Film: „Ich muss funktionieren, koste es, was es wolle“

Schon die Beschreibung des FilmWechsel®-Programms hat mich sehr angesprochen: Jede gute Lösung ist einfach! Also: Einfach alten Film rausnehmen und neuen einlegen. Beim Lesen hatte ich den Eindruck, dass ich hier einen guten Input bekomme, der mir helfen kann. Und so war es dann ja auch.

Als ich zur Einzelsitzung kam, ging es mir nicht gut. Mich plagten Rückenschmerzen, Müdigkeit und Hitzewellen im Kopf. Schon seit Längerem fühlte ich mich blockiert, eingeengt, unfrei, abgestumpft, perspektivlos, müde, ausgelaugt ... Beruflich war ich getrieben vom Willen, die Welt zu verändern, zu vereinfachen und dafür zu kämpfen, koste es, was es wolle - während mein Privatleben davon bestimmt war, zu funktionieren und gute Miene zum Spiel zu machen.

Obschon ich früher Zen-Meditation praktizierte und heute Yoga, gelang es mir nicht, bei äußeren Herausforderungen in meiner inneren Mitte zu bleiben. Ich fühlte mich extrem gestresst, gefangen im Hamsterrad von Geldverdienen und Rechnungen bezahlen, um den Laden (Familie & Geschäft) am Laufen zu halten. Ich wollte raus aus dieser Sackgasse, wusste aber nicht wie.

Die Sitzung begann mit einer für mich neuen Erfahrung: Körperlich wahrgenommene Problemzonen unvoreingenommen „anpacken" und aus dem Körper „herausnehmen", damit wie ein Kind spielen und eine unbelastete und spielerische Sichtweise (aus kindlicher Perspektive) entdecken.

Die Schulterverspannung verwandelte sich dabei vor meinen inneren Augen in eine geschliffene Holzpyramide. Der Druck und die Hitze im Kopf zeigten sich als kalte, halbrohe Metallschale. Und die Rückenschmerzen wurden zu einem glühenden Metallkügelchen. Mit diesen Objekten zu spielen war leicht und schön, ich empfand dabei sogar kindliche Freude und Wohlsein.

Sehr angenehm war es dann auch, den Objekten einen Platz zuzuweisen, sie „abzustellen" und zu versorgen und mich dadurch von ihnen zu lösen.

Auf die Fragen „Wie hab ich dich kreiert? Was hab ich gedacht, was hab ich geglaubt?" kamen subjektive Botschaften, die mir unverrückbar erschienen, bis in alle Ewigkeit.

So empfand ich es als sehr befreiend, diese Überzeugung zu beenden. „Den Glaubenssatz ... ziehe ich zurück und lösche ich" habe ich mit großer Konzentration, innerer Einkehr und Bewusstwerdung ausgesprochen und mich danach wie von einer schweren Last erleichtert gefühlt.

Nach der Sitzung fühlte ich mich ruhig und ausgeglichen und bin beschwingt und voller Energie nach Hause gefahren.

Neuer Film: „Ich darf offen und unbeschwert sein"

Was sich seitdem verändert hat? Mein Lebensgefühl hat sich gewandelt: von überwiegend deprimiert zu einer positiveren, unbeschwerten Grundeinstellung. Ich fühle mich jetzt ruhiger und ausgeglichener und freue mich darüber, dass ich offener geworden bin, empfänglicher für neue Perspektiven und Möglichkeiten.

Früher war ich schnell verkrampft und dann aufgrund von Ängsten und Befürchtungen chronisch blockiert, wenn ich - beruflich oder privat - mit schwierigen und unklaren Situationen konfrontiert war. Dank der FilmWechsel®-Methode kann ich aufkommende Ängste jetzt direkt erkennen, benennen und „entfernen". Dadurch kann ich mich schneller beruhigen und entspannen, bleibe gelassener und kann mit schwierigen Situationen achtsamer und kontrollierter umgehen. Ein großer Gewinn für mich und meine Umgebung! In meinem Umfeld macht es sich positiv bemerkbar, dass ich jetzt ruhiger und freundlicher bin, „ausgeglichener" eben.

Die Rückenschmerzen haben nachgelassen und ich falle nicht mehr in „tiefe Löcher". Eine Wandlung im Privaten: Geld hat viel von seiner Wirkungsmacht eingebüßt. Im Beruflichen scheinen sich neue Türen zu öffnen.

Die Macht meiner Gedanken
Sabine, 45 Jahre
Alter Film: „Gefangen im bewertenden Denken"

25 Jahre lang litt ich unter Multiple Sklerose. Ich war zweimal halbseitig gelähmt, hatte eine Seh-, Sprach- und Hörstörung.

Seit den FilmWechsel®-Seminaren mit Katalin hat sich mein Leben auf wunderbare Weise verändert: Ich bin inzwischen gesund und arbeite als Heilerin. Das kam, weil ich aufgehört habe, alles und jeden zu bewerten.

Ich lebe heute mehr im Augenblick und mache mir keine Sorgen mehr um morgen. Ich gehe die Dinge meditativ an, nehme mich selbst nicht mehr wichtig und presse die Leute nicht mehr in Schubladen.

Allerdings ... bis mir dieses Schubladisieren bewusst geworden ist, hatte ich keine Ahnung, dass es diese „Krankheit“ namens Bewerten überhaupt gibt und wie sehr man sich selbst und anderen damit das Leben schwer macht.

In meiner Ehe hatte ich mich all die Jahre gefühlt, wie wenn man ständig unter Strom steht - furchtbar. Damals war ich ganz unten. Mein Mann hat mich dreimal am Tag angeschrien und so klein gemacht, dass ich nicht mal mehr wusste, wie man einen Schlüssel umdreht.

In meinem ersten Seminar bei Katalin, während einer Übung, ist mein ganzes bisheriges Leben wie ein Film vor mir abgelaufen und mir wurde blitzartig klar, dass all das Leid, all die Schmerzen daher kamen, dass ich die Dinge negativ bewertet habe.

Seitdem habe ich an mehreren FilmWechsel®-Seminaren teilgenommen, um all die versteckten negativen Gefühle und Gedanken durchzugehen. Dabei habe ich viele, viele Themen angeschaut und gelöst und zwei wunderbare Geschenke erhalten: Die Heilkraft in meinen Händen und meine Heilung von der MS.

Als wir an unseren Vaterthemen arbeiteten, sah ich auf meinem rechten Oberarm ein Dreieck. Später, nachdem ich es dort mental herausgenommen und damit gespielt hatte, wurde mir klar, dass ich durch diese Energie meines Vaters handlungsunfähig gewesen war.

Dazu muss man wissen: Mein Vater hat sich umgebracht, mein Opa ebenfalls und vor ihm die Väter auch, über sieben Generationen.

So sagte ich dann zu dem Dreieck die folgenden Sätze, die Katalin mir gab: „Ich sehe dich, ich erkenne dich, ich anerkenne dich. Ab jetzt lebe ich das Leben, das durch mich leben will. Ein großes Ja zu allem was kommt. Ein Danke zu allem was war.“ Sofort danach spürte ich im ganzen Körper eine große Befreiung.

Als wir danach eine Partnerübung machten, bemerkten die Teilnehmer, dass meine Hände eine unglaublich starke Energie aussenden. So entdeckte ich die Heilkraft in meinen Händen!

Inzwischen bin ich von der MS geheilt. Ich bin so dankbar, dass ich mich wieder frei bewegen kann! Und dass ich jetzt die Möglichkeit habe, diese Befreiung weiterzugeben, ist für mich das Größte, was es überhaupt gibt! Ich lege jetzt Menschen die Hände auf und ihre Schmerzen verschwinden, denn meine Hände harmonisieren die Energien im Körper. Wenn die positive Wirkung eintritt, ist es aber wichtig, dass die Menschen die Ursachen anschauen und verstehen, wodurch ihre Krankheit entstanden ist, sonst macht es keinen Sinn, mit ihnen weiterzuarbeiten.

Neuer Film: „Ich bin im Frieden und Schöpferin meines Lebens."
„Ein großes Ja zu allem was kommt. Ein Danke zu allem was war."

Wenn mir heute etwas Negatives begegnet, versuche ich mich innerlich zu entspannen und meine Gedanken aus der Ferne zu betrachten. Dann frage ich mich: „Was hat das mit mir zu tun?", im Wissen, dass das nicht der andere verursacht, das bin ich selbst, mit meinen Gedanken. Ich betrachte das dann einfach. Dann erinnere ich mich daran, dass es mit dem anderen im Grunde nichts zu tun hat, dass ich ihm dankbar sein kann, dass er es in mir ausgelöst hat, so dass ich es anschauen kann, und so bekomme ich dann einen ganz anderen Blick darauf.

Befreit von Schuldgefühlen
Vivi, 69 Jahre
Alter Film: „Ich bin schuld"

Ich hätte nicht gedacht, dass die FilmWechsel®-Methode so tief wirkt, tiefer als alles was ich vorher unternommen habe. Das unterschwellige Schuldgefühl, das mich über sechzig Jahre begleitet hat, ist weg, es ist mir auf liebevolle Weise egal geworden. Dafür bin ich sehr dankbar!

Um die Glaubenssätze, die mich behindern loszuwerden, habe ich schon vieles gemacht: Psychotherapie, Trommeln, Kinesiologie und anderes - das hat alles nichts genützt.

Dann lernte ich bei einer Zugfahrt Katalin kennen und entschloss mich spontan, ihr Seminar zu besuchen. Im FilmWechsel®-Seminar meldete sich dann eine Geschichte, von der ich dachte, dass ich sie durch Psychotherapie schon längst bewältigt hätte: Der Tod meiner Mutter. Meine Mutter starb an Typhus, als ich gerade sieben Jahre alt geworden war.

Damals waren die Leute sehr nett zu mir, aber ich dachte immer: „Die wissen ja gar nicht, was ich getan habe." Ich konnte innerlich nicht annehmen, dass die Leute nett zu mir waren. Ich habe mich dann zurückgenommen, habe mir Dinge nicht erlaubt.

Davor bin ich viel fröhlicher gewesen, auch mutiger und draufgängerischer, doch nach dem Tod meiner Mutter bin ich vorsichtig geworden. Zum Beispiel im Zirkus, da wurden die Kinder gefragt: „Wollt ihr mal reiten?" Ein Pony wurde rumgeführt. Ich wollte für mein Leben gern auf dem Pony reiten, aber ich ging nicht nach vorn. Früher hätte ich mich getraut!

Da war dieses bedrückende Gefühl - und der Gedanke: „Ich hab den Tod meiner Mutter verursacht." Wenn mir später jemand Schuld zuwies, traf mich das immer sehr - es war ganz leicht, mir Schuldgefühle einzuflößen.

Man hat mir immer gesagt: „Deine Mutter hätte dich gar nicht haben dürfen." Sie litt unter Blutarmut und ist dann an Typhus gestorben. Ich habe damals mit meiner Schwester, die auch erst acht Jahre war, beschlossen: Unsere Mutti kommt ganz bestimmt wieder, es dauert nur sehr lange - und dann sind wir spielen gegangen.

Als meine Mutter im Krankenhaus lag, hieß es: „Wenn ihr ganz lieb seid, kommt sie wieder" - sie kam aber nicht wieder. Und: „Ihr müsst schön beten, dass die Mutti gesund wird!" Wir haben gebetet, aber wir haben dabei auch rumgealbert. Und dann ist sie gestorben.

Als dann im Seminar das Mutterthema dran kam, bin ich, für mich selbst völlig unerwartet, in ein sehr tiefes Loch gefallen ... ich musste aus dem Raum gehen und mich erst mal beruhigen.

Als Erwachsene hatte ich mir selbst gesagt, ich hab keine Schuld am Tod meiner Mutter. Aber mein Gefühl war, ich bin schuldig. Es war wie eine Bremse in meinem Inneren, die mich daran hinderte, innerlich frei zu sein!

Dieses bedrückende Gefühl war plötzlich wieder ganz präsent und überwältigte mich. Katalin leitete mich an, das Gefühl in meinem Körper zu spüren und es mit meinem Händen symbolisch herausholen. Nachdem ich ausgiebig mit dem Objekt gespielt und es an „seinen" Ort gebracht hatte, wusste ich schon, wie ich es erschaffen hatte. Nämlich mit dem Glaubenssatz: „Ich bin schuldig am Tod meiner Mutter." Diese uralte Überzeugung konnte ich nun endlich beenden!

Anschließend hat Katalin mich in ein inneres Bild geführt, wo ich als göttliches Bewusstsein auf das kleine Kind, das ich mal war, schaue und dem Kind sage: „Was auch immer du getan hast, es ist in Ordnung!"

Dieser Satz war so wichtig für mich! Denn es hieß nicht: „Du bist nicht schuld", sondern „Du kleines Kind, du bist unschuldig. Was auch immer du getan hast, ist in Ordnung." Das hat ganz tief gewirkt, ich habe es im Körper gefühlt: Der Knoten im Solarplexus hat sich gelöst.

Neuer Film: „Ich lebe kraftvoll, frei und voller Energie!"

Früher war ich sehr ängstlich. Mein Sonnengeflecht hat sich in vielen Situationen unwillkürlich angespannt, auch bei Kleinigkeiten. Jetzt ist mein Solarplexus entspannt, weich und weit, ich kann viel freier atmen! Damit das so bleibt, mache ich jeden Morgen Übungen aus dem Seminar, wie z.B. ich lass mein Solarplexus sich beim Einatmen ausdehnen, größer und weiter werden. Das hilft mir, mutiger und kraftvoller zu sein!

Menschen, die mich schon lange kennen, sagten früher oft zu mir: „Du bist so ruhig, du bist so ausgeglichen." Aber das traf es nicht, denn in Wirklichkeit war meine Energie gebremst. Jahrzehntelang habe ich mich zurückgehalten und eingeschränkt, hab gedacht: „Lieber nicht, hinterher passiert noch was ..."

Ich habe zwar auch eine Menge gemacht in meinem Leben, aber meine Energie und meine Stimmung waren immer ein bisschen verhalten, so nach dem Motto: „Darf ich das? Darf ich so fröhlich sein?" Mein Mann, der mich ja jeden Tag erlebt, sagt, dass ich seit dem Seminar kraftvoller und mutiger geworden bin und alles mit mehr Freude anpacke. Darüber freue ich mich sehr!

Ich bin wertvoll
Sabine, 55 Jahre
Alter Film: „Ich bin nicht gut genug"

Mein Freund hat mein Herz geliebt, aber meine Figur nicht, er fand mich zu dick. Er meinte, wie ich aussehe, sei nicht so wichtig für ihn, aber da war er nicht ganz ehrlich, und nach eineinhalb Jahren Hin und Her hat er sich deswegen dann von mir getrennt. Seine Ablehnung und die Trennung haben mich furchtbar getroffen.

Ich habe damals alles gemacht, was er gesagt hat: Ich hab ständig versucht, meinen Bauch einzuziehen. Beim Essen habe ich auf alle Genüsse verzichtet, aber das brachte nichts, ich nahm einfach nicht ab.

Wenn wir Freunde getroffen haben, sagte er Dinge wie: „Bald kann meine Freundin auch einen kurzen Pullover tragen und nicht solche Hängerchen, die bis über den Po gehen."

Nach jedem Wochenende mit ihm fühlte ich mich schlecht, danach brauchte ich immer einen ganzen Tag, um mich seelisch wieder halbwegs zu stabilisieren. Nach der Trennung von diesem Freund war mein Selbstwertgefühl komplett am Boden.

Ich hoffte, im FilmWechsel®-Seminar so an mir arbeiten zu können, dass er wieder zu mir zurückkommt, denn ich liebte ihn damals noch sehr.

Als ich das Gefühl von Wertlosigkeit und Trennungsschmerz aus meinem Körper herausholte, zeigte es sich als Schwert. Dann, als ich damit wie ein kleines Kind spielte, voller Freude, wurde es zu einem stumpferen Gegenstand, den ich in die Höhe geworfen und wieder aufgefangen habe. Dann hat es sich in einen Würfel verwandelt, und ich habe mich entschieden, die Glaubensüberzeugung „Ich bin nicht gut genug und ich reiche nicht" zu beenden!

Danach hatte Katalin noch eine weitere Übung für mich: Ich sollte mir zwei Luftblasen vorstellen, die innen ganz leer sind. Ich gehe in die eine und mein Freund in die andere, und alle negativen Gedanken und Gefühle in Bezug aufeinander hängen, wie Post-it- Zettel, an jedem von uns dran und bilden unsere Kleidung. Dann sehe ich, wie alle Zettel von uns abfallen, bis wir beide ganz nackt sind. Dann tritt jeder ganz nackt aus seinem Vakuum heraus und die Zettel bleiben zurück.

Nach dieser Übung, die sehr tief ging, fühlte ich mich befreit von allen Gefühlen der Wertlosigkeit, die mich früher geplagt hatten.

Allerdings hoffte ich immer noch darauf, dass mein Freund zu mir zurückkommen würde, aber Katalin meinte: „Nein, der kommt nicht mehr - aber der nächste, der kommt, der findet dich gut, so wie du bist!“

Neuer Film: „Mein Freund liebt mich so wie ich bin!“

Genauso ist es gekommen ...

Mein neuer Freund mag mich so, wie ich bin. In dieser Partnerschaft fühle ich mich zum ersten Mal im Leben frei und ungezwungen! Ich mache weder die Wäsche für ihn, noch bekoche ich ihn.

Ich möchte für mich sein, meinen Alltag leben können! Ich sage frei heraus, was ich will und was ich nicht will. Zum Beispiel gestern, da hab ich ihm gesagt: „Ich bin ein Stadtmensch, ich gehe gerne allein bummeln und ich brauche mehr Zeit für mich!“ Das hätte ich mich noch vor einem Jahr nicht getraut.

Die Veränderung beginnt mit Selbstwahrnehmung
Oliver, 44 Jahre
Alter Film: „Im Käfig der Entscheidungshemmung“

Ich habe bisher erst eine FilmWechsel®-Sitzung mit Katalin gemacht und kann jetzt nicht sagen, dass mein Leben sich um 180 Grad geändert hat. Aber ich merke, es tut sich etwas auf - wie ein kleiner Spalt, durch den auf einmal etwas Licht fällt und mir bestimmte Dinge klarer werden.

Anlass für die Sitzung bei Katalin war, dass ich mich immer wieder selbst boykottiert habe, wenn es darum ging, klar zu sein mit mir und mit anderen. Entscheidungen zu treffen, Verantwortung zu übernehmen - und dann auch dazu zu stehen.

Mir fehlte die Klarheit. Ich schaffte es nicht, mich klar zu äußern und für mich einzustehen, auch für meine Familie einzustehen. Es war eine Angst, mich überhaupt zu entscheiden, eine Klarheit zu haben. Gab es mehrere Möglichkeiten, zog ich mich zurück und traf keine Entscheidung, statt klar Stellung zu beziehen. Mich nicht zu entscheiden ist natürlich auch eine Entscheidung ... Doch das geht auf Dauer nicht, damit kann ich nicht alt werden. Mein Leidensdruck war hoch, sonst hätte ich mich nicht auf die FilmWechsel®-Sitzung eingelassen.

Beim FilmWechsel® zeigte sich: Es hatte mit meinem Vater zu tun. Es ging darum, bestimmte Sachen anzunehmen und zu vergeben. Was mich überraschte war, dass das Vergeben so wichtig ist. Dass ich vor allem auch mir selbst vergeben muss. „Ich muss mir selbst vergeben!", dieser Satz ist nach der Session ganz intensiv in mir aufgeblitzt.

Während des FilmWechsel®-Prozesses arbeiteten wir mit inneren Bildern. Ich bin kein visueller Typ und habe deshalb Schwierigkeiten mit Methoden, bei denen man sich die Dinge bildlich vorstellen muss. Doch mit Katalins Anleitung hatte ich das Vertrauen, dass das, was ich in diesem Moment spüre und wahrnehme, richtig ist. So konnte ich tatsächlich innere Bilder sehen, auch wenn es vielleicht mehr ein Fühlen war.

Ein Bild, an das ich mich noch deutlich erinnern kann, war ein schwarzer Vogel in einem Käfig. Ich hab ihn frei gelassen.

Seit dem FilmWechsel® merke ich, dass ich mich selbst bewusster wahrnehme. Und ich verstehe auch langsam, warum manche Sachen passieren und sehe meinen Anteil daran. Ich habe ein anderes Bewusstsein und Selbstempfinden bekommen - und dadurch ein anderes Aufnehmen und Annehmen von meinem Gegenüber. Ich falle immer wieder mal zurück in die alten Muster, aber mittlerweile kann ich sie viel klarer sehen und manchmal auch abschalten.

Neuer Film: „Ich öffne mich und nehme mich bewusster wahr"

Am Ende der FilmWechsel®-Sitzung spürte ich eine gewisse Erleichterung, einen wichtigen Schritt gemacht zu haben. Kurz darauf meldete sich eine Angst, nicht weiterzukommen. Das ist ein Muster, das ich gut kenne: Ich geh einen bestimmten Schritt, und dann bleib ich stehen. Deshalb ist es für mich wichtig dranzubleiben.

Die FilmWechsel®-Sitzung war für mich ein Schritt hin zu Klarheit, hin zu bewussterer Wahrnehmung. Ein erster Schritt, der eine Öffnung möglich gemacht hat, ganz sachte, ganz allmählich. Jetzt ist es wichtig dranzubleiben.

Ich möchte auf jeden Fall mit Katalin weiterarbeiten. Die FilmWechsel®-Methode und Katalins offene, klare und humorvolle Art haben mir sehr gut getan.

Ich kann mich neu entscheiden!

Lydia Barbara, 54 Jahre

Alter Film: „Ich muss mich selbst verletzen"

Die FilmWechsel®-Methode ist zu einem lieben Begleiter in meinem Leben geworden. Ich brauche keinen Therapeuten mehr. Damit ist es so kinderleicht, alle möglichen Probleme eigenständig zu lösen!

Vor einiger Zeit verspürte ich einen starken Schmerz in meinem Becken und ein Gefühl von Starre, von abgetrennt sein. Ich setzte mich auf mein Sofa und bat mein höheres Selbst: „Bitte übernimm du die Führung! Ich vertraue mich dir an und danke dir für alles! Bitte, Schmerz, zeig dich mir!"

Ich fühlte hin und war überrascht: Ich sah alten, rostigen Maschendraht! Im gleichen Moment bemerkte ich, wie urteilende Gedanken aufkamen, und wandte deshalb meine Aufmerksamkeit sofort wieder an mein höheres Selbst, das mir klar und fest sagte: „Ich führe dich! Bleib cool! Fühl du nur hin! Bleib im Gefühl, wie ein Kind, ohne zu urteilen! Nimm die Energie einfach in beide Hände, meine Liebe!"

Ich folgte der Anweisung, griff mit beiden Händen in den Maschendraht und zog und zog, da kam eine unfassbare Menge Maschendraht heraus! Während ich den Draht aus mir herauszog, wurde mir immer leichter, allmählich löste sich die Starre ...

Weil die FilmWechsel®-Methode mir schon sehr vertraut ist, kam sofort eine große Spielfreude in mir auf:

„Hey, ich möchte spielen mit diesem riesengroßen Ding!" Ich zog den Maschendraht auseinander, warf ihn mit ganzer Kraft hoch in die Luft, dieses schwere alte rostige Ding! Auf einmal passierte Wunderbares, das Ganze wurde federleicht und begann farbig zu leuchten: Rot - grün - blau und gelb ... die Stacheln drehten sich zu Kreisen ... und aus dem alten rostigen Ding entstanden Bälle, viele, viele Bälle aus farbigem Draht, bunt gemischt schwebten sie am Himmel.

Immer höher schwebten die Bälle, federleicht, immer höher ... beim genauen Hinschauen konnte ich sehen, was auf den Bällen draufgemalt war: Friede! Freude! Leichtigkeit!

„Welche Überraschung, ihr wunderschönen Bälle! Verratet mir mal, wie hab ich dieses alte, rostige Ding kreiert?", wollte ich nun wissen. „Ich muss mich immer wieder selber verletzen! Mir selber wehtun! Mir selber Schmerzen zufügen!", bekam ich als Antwort.

Oh - ach so! Das hab ich geschaffen! Da kann ich auch was anderes erschaffen - ist ja ganz egal!

Und so sprach ich dann laut: „Die Gedanken- und Glaubensüberzeugungen ‚Ich muss mich selber verletzen! Mir selber wehtun! Mir selber Schmerzen zufügen' - diese Gedanken- und Glaubensüberzeugungen ziehe ich ab sofort und entschlossen zurück. Und damit sind sie gelöscht!!!

Und ab sofort entscheide ich mich für Frieden, Freude und Leichtigkeit in meinem Leben!"

Neuer Film: „Ich bin heil und ganz, erfüllt von Frieden, Freude und Leichtigkeit"

Ein Gefühl von Ganz-Sein, von Frieden, von Leichtigkeit erfasste meinen ganzen Körper, und ich spürte eine unendliche Dankbarkeit, so beschenkt zu sein! Dieses Ganz-Sein zu spüren, so wie wir von Mutter Natur gedacht sind! Diese Unbeschwertheit, diese Freude zu erleben!

Dieser FilmWechsel®, diese innere Transformation ist eine wunderbare Arbeit an uns selber - alles darf passieren und passiert, wenn wir bereit sind immer tiefer zu fühlen! Wie ich's heute versteh, holen wir alles ins Licht, ins Bewusstsein und das Selbst transformiert es! Ich bin gespannt, was noch alles in meinem Leben, in mir passiert!

Aus dem Teufelskreis ausgestiegen
Rüdiger 45 Jahre alt
Alter Filmtitel: „Selbstsabotage"

Ich hatte einen Geschäftspartner, mit dem ich einen Millionenumsatz machte. Alle anderen Kunden waren nur „kleine Fische". Eines Tages, bevor das 12-tägige intensive Lebenstraining mit Katalin begann, zu dem ich mich angemeldet hatte, kündigte der Geschäftspartner aus heiterem Himmel die Zusammenarbeit. Ich war vollkommen verzweifelt, denn ohne diesen Kunden drohte mein Unternehmen pleite zu gehen. Es war eine wirklich kritische Situation für mich und für meine Mitarbeiter, deren Arbeitsplätze nun in Gefahr waren.

Ich kannte zwar die FilmWechsel®-Methode bereits, da ich schon einmal an einem Seminar teilgenommen hatte, jedoch habe ich es vernachlässigt weiter zu üben und konsequent Gedankenhygiene zu praktizieren.

Nun jetzt war ich vollkommen schockiert und wollte das Lebenstraining absagen. Ich dachte: „Unter solchen Umständen kann ich nicht weg, ich muss dafür sorgen, dass der Laden weiterläuft und neue Aufträge reinkommen, sonst läuft mein Unternehmen völlig den Bach runter." Doch Katalin's Frage: „Wie hast du das jetzt kreiert?“, hat mich zum Nachdenken gebracht und ich bat sie, mit mir am Telefon eine Sitzung zu machen.

Während des FilmWechsel®-Prozesses habe ich entdeckt, wie ich diese Situation unbewusst kreiert hatte. Es war ein Muster, das ich von mir schon kannte: Immer wieder, wenn meine Geschäfte gut liefen, machte ich etwas, agierte oder reagierte so, dass ich alles, was ich aufgebaut hatte mit einem Schlag vernichtete. Ich musste bereits dreimal in meinem Leben von Null anfangen. Jetzt war ich wieder an diesem Punkt. Während der Sitzung wurde mir klar, warum ich mich sabotierte, was in mir in solcher Situationen ablief.

Die Lösung kam nicht so schnell, weil mehrere Komponenten hineinspielten. Doch Katalin hatte mich mit Geduld und mit gutem Gespür durch all diese Schichten hindurchgeführt. So spielte auch die Geschichte meines Vaters eine Rolle. Er glaubte, in seinem Leben gescheitert zu sein und es nicht wert zu sein, Erfolg zu haben. So war es bei mir auch, denn ich glaubte tief in meinem Inneren, dass es mir nicht gut gehen darf und vor allem, dass ich meinen Vater verrate, wenn ich Erfolg habe. Ein anderer schwerwiegender Glaubenssatz war: „Ich werde im Stich gelassen!“... Nachdem ich diese Glaubenssätze zurückgezogen hatte, reagierte mein Körper gar nicht mehr auf das Thema.

Er fühlte sich friedlich und entspannt an und ich konnte ganz relaxed auf die Angelegenheit schauen. Ich hatte den Geschäftspartner, der bisher meine Haupteinkommensquelle gewesen war, innerlich komplett losgelassen und mich entschlossen, das 12-Tage-Intensivtraining mitzumachen und mich erst danach um andere Kunden zu bemühen. Doch es kam nicht so weit. Ich brauchte mich nicht um neue

Geschäftspartner zu kümmern, denn zwei Tage nach dem Telefonat mit Katalin rief der abgesprungene Partner an und machte seine Entscheidung rückgängig - ohne dass ich äusserlich etwas getan hätte.

Neuer Film: „Ich bin der Schöpfer meines Lebens"

Es hat mich so beeindruckt, dass ich seitdem konsequent drangeblieben bin und praktiziere Gedankenhygiene. Und wenn ich merke, dass es da noch mehr in der Tiefe gibt, dann bearbeite ich es mit der CD von Katalin alleine.

Die drei Voraussetzungen für dauerhafte Heilung

- Das Wissen, ich bin der Schöpfer meiner Realität.
- Die eigene Schöpfung erkennen und lieben, mit einem liebevollen Egal-Gefühl: Alles darf sein! Nondualität ist Basis für Veränderung. Das Gegenteil ist genauso gültig.
- Die definitive Entscheidung, die frühere Glaubensüberzeugung zu beenden, mir selbst zuliebe!

Das Egal-Gefühl, das ich meine, ist nicht egal im Sinne von „wurscht" oder von „geht mir am Allerwertesten vorbei". Es ist eine liebevolles „Egal", es ist das Bewusstsein, dass alles IST und alles sein darf.

Es darf ALLES, wirklich Alles, sein!

Göttliche Liebe ist umfassend und bedingungslos, sie lässt vollkommen frei. Alles darf sein ... alles darf erfahren werden ... alles gehört dazu: Das für uns Häßliche, Fiese, Schmerzhafte, Böse genauso wie das für uns Schöne, Angenehme, Beglückende, Erfüllende.

Es ist bedingungslose Liebe, die vollkommen frei lässt. Und wenn es ja egal ist, was ich wähle, kann ich ja etwas wählen was in mir Freude, Leichtigkeit und Entspannung auslöst. Und zwar nicht aus dem Gefühl des Mangels oder der Angst heraus, sondern ich wähle erst dann, wenn ich in diesem göttlichen, liebevollen Egal-Gefühl bin. Ich fühle und weiß, es ist vollkommen egal, was ist. Und dann kann ich auch wählen! Zum Beispiel Gesundheit. Oder Liebe. Oder Fülle. Oder Selbstwert. Oder ...

Wenn es mir nicht „egal" ist, dann ist meine Wahl nicht frei. Dann bin ich fixiert, gebunden und angespannt, weil ich das Gegenteil dessen, was ich will ablehne. Meine Haltung ist nicht mehr göttlich. Nur die All-Liebe kann Heil erschaffen.

Dein alter Film:
Stell dir vor, dein bisheriges Leben soll verfilmt werden. Wie würde wohl der Titel lauten?

....

Würdest du freiwillig ins Kino gehen und den Film anschauen? Oder kannst du dir etwas Schöneres vorstellen, an dem du mehr Freude hättest?

Wähle den Titel deines neuen Lebensfilms!
Was willst du in deinem Leben sehen, fühlen, erleben?
Welche Qualitäten willst du in deinem Leben - innen und aussen - einladen? Wie sah deine bisherige Entscheidung aus? (Was du bisher erlebt hast.) Wie soll die neue sein? Bist du bereit, dich deinem Selbst zu verpflichten?

Innere Qualitäten sind zum Beispiel: Frieden, Freude, usw.
Äusserliche Qualitäten sind zum Beispiel: eine erfüllte Beziehung, eine Arbeit, die Freude macht, usw.

Notiere ein Paar Stichworte:
....
....

Auf gesunde, positive Art und Weise wünschen
Wie bereits vorher beim Egal-Gefühl erwähnt, ist es wichtig zu beachten, dass:

- Wenn in meiner Motivation Vermeidung versteckt ist, d.h. im unbewussten Hintergrund etwas ist, was ich unbedingt vermeiden will und ich deshalb etwas anderes anstrebe. Das kann nach hinten losgehen.
- Wenn der Wunsch Freude auslöst, als ob der Wunsch bereits erfüllt wäre und weder ein Mangel-Gefühl, noch Angst im Hintergrund steckt, trägt das zur Verwirklichung bei.

Die entscheidende Frage beim FilmWechsel® ist:
„Wie habe ich das kreiert? Was habe ich gedacht, was habe ich geglaubt?“

Wenn ich meinen Film, also das was ich erlebe, ändern will, muss ich mich immer selbst fragen: „Wie habe ich das kreiert? Was habe ich gedacht, was habe ich geglaubt?“ Das ist der Schlüssel zur Veränderung, egal was passiert ist.

Vielleicht kommt nicht gleich eine Antwort. Aber um etwas verändern zu können, ist es notwendig, dass ich erkenne und einsehe, dass ich der Schöpfer bin, und nicht irgendjemand anderer.

Damit bin ich bereit, voll die Verantwortung zu tragen. Das heißt, ich sage ja zu jeder Situation. Aus diesem Einverstanden-Sein heraus kann ich anders agieren und so kann die Lösung entstehen.

Gedankenhygiene - ein Puzzle-Spiel

Stell dir vor, du bist gerade dabei, ein Puzzle mit dem Motiv eines Bergsees zusammenzusetzen. Zwischendurch findest du immer wieder Puzzleteile, die zu einem anderen Puzzle gehören. Probierst du dann, diese Teile auch in dein Puzzle einzufügen? Natürlich nicht, denn du weißt vorher schon, dass das gar nicht passen kann! Und genauso kannst du auch deine Gedanken sortieren.

Wenn dein Leben, das auch ein Puzzlespiel ist, zum Beispiel das Grundmotiv „Freude" hat, dann ist ganz klar, dass du nur diejenigen Gedanken, die Teil von diesem Puzzle sind, auswählst. Und genauso klar ist es, dass du einem Gedanken, der nicht Teil dieses Puzzles ist, keine weitere Aufmerksamkeit gibst. Am besten entfernst du ihn sogar ganz vom Tisch, da du ihn ja nicht brauchst!

Du brauchst deine Gedanken weder zu bewerten, noch zu verdrängen. Du fragst dich einfach: „Passt dieser Gedanke in mein Lebens-Puzzle?" - und wenn nicht, dann kannst du dir zum Beispiel vorstellen, wie du den Gedanken in die Hand nimmst und weglegst, oder wie du ihn in einem Ordner „unbrauchbar" ablegst. Du richtest deine Aufmerksamkeit einfach immer wieder auf die Gedanken, die in dein Puzzle passen.

Warum sind Gedanken so machtvoll?
Hast du in deinem Leben schon mal die Erfahrung gemacht, dass du an etwas gedacht hast und kaum gedacht, ist es bereits passiert? Eine spannende Frage ist: Ist es bereits passiert, weil du es gerade gedacht hast? Oder hast du es gerade gedacht, weil das „Passieren" bereits im Feld war? Darauf komme ich noch zurück.

Gedankenhygiene - ist fast noch wichtiger als Zähneputzen
Gedankenhygiene: Die eigenen Gedanken zu beobachten und zu sortieren ist eine Kunst, die erlernbar ist. J. Krishnamurti - Philosoph

und Weltlehrer sagte: „Die einzige Disziplin ist die Disziplin des Geistes." Ich nenne das Gedankenhygiene!

Deine einzige Sicherheit liegt in dir. Diese Sicherheit zu pflegen liegt in dir. Dann kannst du überall in der Welt hingehen, auch in der Nacht, und es passiert dir nichts, was du nicht bewusst willst.

„Wenn du es zulässt, dass dein Geist Angriffsgedanken hegt, dem Urteilen nachgibt oder Pläne gegenüber zukünftigen Unsicherheiten schmiedet, dann hast du dich wieder falsch eingeordnet und eine körperliche Identität gemacht, die den Körper angreift, denn der Geist ist krank ..." (Ein Kurs in Wundern)

Gedankenhygiene ist eine Übung um wahrzunehmen, welchem Geist ich gerade Aufmerksamkeit gebe: dem EGO-Geist, der krank ist, oder dem Heiligen Geist, der heilt? Ich habe zu entscheiden, welchem Geist ich weiterhin Aufmerksamkeit geben will! (Siehe Puzzle-Spiel)

Die Lösung um dich gesund zu erhalten ist, dass du ganz konsequent aufräumst in deinem Kopf, in deinen Gefühlen, im Gefäss, das dich trägt. Es ist, wie wenn du ein Zimmer, oder ein Haus aufräumen willst. Wenn das Haus oder das Zimmer zugemüllt ist mit allem möglichen Zeug und du endlich aufräumen willst, dann fängst du an der Ecke an, wo es gerade brennt, was gerade vor dir liegt. Fang an, eins nach dem anderen! Gucke nicht drauf was noch zu tun ist, gucke immer nur drauf was gerade vor dir liegt. So wird der Raum, der frei ist, immer größer.

Je mehr Leerraum du erschaffen hast, desto wichtiger ist drauf zu achten, diesen zu bewahren, zu hüten, damit der Raum nicht wieder zugemüllt wird. Dann macht das Spaß, weil du merkst, dass es immer klarer, immer sauberer wird und du kannst endlich frei atmen.

Die meisten Menschen haben so einen Raum, ein Haus oder ein Zimmer, das voll Müll ist. Ich auch. Ich habe irgendwann angefangen aufzuräumen. Oft merken wir gar nicht, dass wir in einem voll gestellten Zimmer sitzen und kaum mehr atmen können, weil wir es gewohnt sind. Aber wenn wir uns irgendwann gar nicht mehr bewegen können, fällt es uns auf.

Das ist unser Leben. Es tut gut, wenn wir irgendwann anfangen aufzuräumen. Wenn der Raum dann schön sauber und hell geworden ist und es sind nur noch Dinge drin, die ich liebe, dann achte ich mehr darauf, was ich durch Türen und Fenster hineinlasse. Ich bestimme, was ich hereinlasse. Wenn ich unachtsam bin, sammelt sich wieder alles Mögliche an.

Ich entscheide mich, es sauber zu halten und so kann ich es in Ruhe mit wenig Aufwand tun. Vorher muss ich aber die grosse Räumungsaktion machen. Ich muss mir darüber im Klaren sein, was dient mir noch aus der Vergangenheit? Was darf gehen, was darf sich verabschieden? Vor allem muss ich wissen, was ich überhaupt in mein Leben einladen will!

Um in einem Raum, wie auch in meinem Leben aufzuräumen, brauche ich ein System, nach dem ich aufräume.

Beim Puzzle geht es darum, eine Entscheidung zu treffen, wie dieser Raum, mein Leben aussehen soll. Zum Beispiel: Ich will das Paradies um mich herum erschaffen. Dann ist das der Titel meines Puzzles.

Wenn ich anfange zu beobachten, kommen Gedanken (Puzzleteile), die entweder zum Titel passen, oder eben nicht passen.

Wenn mein Titel „Freude“ heisst, dann sammle ich nur solche Gedanken, die mit Freude zu tun haben. Also, passende Gedanken. Ich brauche keine Gedanken, die Leid auslösen, da sie ja nicht zu meinem Puzzle passen. Diese kann ich liegen lassen, oder noch besser aus meinem Sichtfeld entfernen.

Werde zum Gestalter deiner Gedankenwelt!
Mach es dir leicht: Platziere Gedankenanker in deiner Umgebung, wie zum Beispiel, dass du sie auf den Spiegel im Bad schreibst oder überall Zettel hinhängst. Ein Beispiel eines Gedankenankers: „Passt das, was ich gerade denke zu meinem Lebens-Puzzle?"

Führe die Übung „Gedankenhygiene" zweimal am Tag durch. (siehe MP3 kostenlos herunterladbar: *www.dr-bewusst-sein.de*)

Anleitung Gedankenhygiene

Wie du deine krankmachenden Gedanken abstellst

....
Titel meines neuen Lebensfilms

Gedankenhygiene - Neuordnung deines Bewusstseins
Dieser Vorgang ist vergleichbar mit der Reorganisation der Festplatte deines Computers. Alle Informationen und Daten werden neu geordnet.

Solche, die nicht mehr benötigt und die nicht mehr dienlich sind, werden gelöscht. Ich stelle dir eine Technik der Reorganisation deines Bewusstseins vor.

Sie kann zu jeder Zeit angewendet werden, sie wird nach ausreichender Übung, sogar vollkommen automatisch im Hintergrund deines Bewusstseins ablaufen.

Es geht bei dieser Technik darum, jeden Gedanken, der einschränkend und disharmonisch - also nicht dienlich ist - zu löschen.

Die Gedanken, die von großer Bedeutung sind, also dienlich und zu deinem Lebens-Puzzle passend sind, sollten bevorzugt realisiert werden. Mit Gefühlen ist ebenso zu verfahren.

Und so funktioniert die Technik:
Der erste Schritt ist, dass du dein Bewusstsein auf Beobachtung, auf Wahrnehmung umstellst.

Dies geschieht vollkommen zwanglos. Einfach durch deine Absicht. Also durch deinen Willensausdruck. Du beobachtest und nimmst einfach völlig bewusst alles wahr, was in deinem Bewusstsein auftaucht. Du schaust alles ganz gelassen und liebevoll an.

Jeden Gedanken, jedes Gefühl - ohne diese zu be- oder verurteilen! Z.B. das ist gut oder das ist schlecht.

Aber du entscheidest, welcher Gedanke und welches Gefühl dein Leben bereichern soll bzw. was du in der Zukunft verwirklicht haben möchtest.

Wenn du ausreichend übst, wird das Beobachten ganz selbstverständlich. Es fällt dir ganz leicht, deine Gedanken und Gefühle zu erkennen, sie zu durchschauen und damit neu zu ordnen.

Nachdem du dich auf das Beobachten bzw. auf das Wahrnehmen eingestellt hast und die ersten Gedanken auftauchen, triffst du eine Entscheidung.

Z.B.: Dieser Gedanke soll gelöscht werden. In diesem Fall machst du symbolisch ein weißes Kreuz über diesen Gedanken. Du markierst ihn also. Damit gibst du deinem Unterbewusstsein den Auftrag, diesen Gedanken sofort oder bei der nächster Gelegenheit aus deinem Energiefeld zu entfernen.

Gedanken, die du realisieren möchtest, markierst du symbolisch mit einem weißen Unterstrich. Damit signalisierst du deinem Unterbewusstsein, dass dieser Gedanke verwirklicht und ins Schöpferbewusstsein weitergehen soll. Sollte einmal kein Gedanke oder Gefühl da sein, beobachtest du einfach die Stille bzw. die Leere.

Um diesen Zustand der Leere zu erreichen, bemühen sich viele Meditierende.

Diese Übung machst du, wann immer du Lust dazu hast. In der Straßenbahn z.B., bei der Hausarbeit oder beim Autofahren. Dieser MP3 (kostenlos herunterladbar) hilft dir, dass du dich nicht in den Gedanken verlierst, das Beobachten vergisst und damit wertvolle Zeit verstreicht. Daher werde ich dich in regelmäßigen Abständen an das

Beobachten erinnern. Ich empfehle dir, diese Übung regelmäßig zu praktizieren. Zu Beginn der Übung erfolgt die Programmierung und Markierung deiner Gedanken und Gefühle. Damit weist du dein Unterbewusstsein an, wie es reagieren soll. Es ist eine Art Selbstsuggestion und entscheidend für die Wirksamkeit der Technik.

Nur noch ein letzter Hinweis: Natürlich musst du nicht jeden Gedanken markieren, nur die, die auffällig sind. Und ich betone noch einmal: Deine neutrale Haltung gegenüber jedem Gedanken ist sehr wichtig. Wenn du welche mit dem Löschsymbol markierst, heißt es nicht, dass du diese ablehnst, sondern dass du einfach neu sortierst, wie bei einem Puzzlespiel.

Spiele einfach Puzzle. Wie heißt dein Puzzle? Wie lautet der Haupttitel deines Lebens? Jeder Gedanke ist ein Puzzleteil. Das eine passt zu deinem Titelbild und das andere nicht.

Wenn z.B. dein Lebenspuzzle Freude, Fülle, Liebe heißt, suche die Gedanken - die Puzzleteile heraus, die da hinein passen. Diese markierst du dann mit einem Unterstrich. Alle Gedanken die unpassend sind, markierst du mit einem Kreuz. Die brauchst du ja nicht zu deinem Puzzle. Du löschst sie nicht, weil du sie ablehnst oder Angst davor hast, sondern, weil du ganz einfach und neutral feststellst, dass diese unpassend sind.

Ich wünsche dir viel Spaß und Erfolg bei deinem Bemühen um Gedankenhygiene!

Hinweis:
Ob du die Übung mit oder ohne Anleitung (MP3) machst, ist egal. Wichtig ist, dass du am Anfang immer wieder bekräftigst:
- Ich bin der/die neutrale Beobachter/in
- Wenn ich ein Wort/Gedanken/Empfindung mit einem X markiere, bedeutet das: Löschen! Wenn ich ein Wort/Gedanken/Empfindung mit einem Unterstrich markiere, bedeutet das: Realisieren!

Übung: Gedankenhygiene
Siehe auf Website: www.dr-bewusst-sein.de

Wenn du deinem Unterbewusstsein eine Anweisung gibst, führt es nach einer bestimmten Anzahl von Wiederholungen diese Anweisung automatisch durch.

Vollkommene Gesundheit und Freiheit gibt es nur dann, wenn ich in jedem Moment voll bewusst bin, wer ich bin: Ich bin gegenwärtig, ich weiß, wer jetzt gerade durch mich denkt oder handelt.

Oft spüren wir was stimmt und was nicht, aber wir missachten es. Immer wieder bewusst sein, hinhören, spüren was stimmig ist - das macht uns mit der Zeit sicher und bewusst.

Es ist wichtig, uns selbst zu vergeben, wenn wir vergessen haben präsent zu sein... wenn wir im vorigen Augenblick vergessen haben wer wir sind. Es geht immer nur darum zu erinnern: „ICH BIN" - und was dies bedeutet.

Weil ich dann immer genau richtig bin, bin ich bewusst und handele aus diesem Bewusstsein heraus. Kein Zweifel, kein Argument, warum jetzt so und nicht so, sondern es ist einfach die Gewissheit da, was jetzt zu tun ist.

Du machst die Gedanken und Gefühle nicht, sondern die sind alle da und noch dazu immer in Gegensatzpaaren.

Wenn du dir bewusst bist, dass du der Schöpfer bist, dann hast du kein Problem mehr damit es anzunehmen, dass alles deins ist, dass du alles erschaffen hast. Du bewegst dich in dem Raum, wo alles existiert und wo du frei aussuchen kannst was auch immer du willst, weil du nicht identifiziert bist. Du entscheidest dich für etwas, während du das Gegenteil liegen lässt.
Hab Spass daran!

Gedankenhygiene ersetzt nicht die FilmWechsel®-Methode, sondern ergänzt sie.
Es geht immer darum, dass ich in den Zustand des Friedens komme. Denn ich kann nur aus dem Frieden heraus heilsam schöpfen. Frieden entsteht, wenn ich das, was ist anerkenne. Bin ich verärgert, beängstigt oder wütend? Dann sage ich: „Ja, es ist Ärger da! Ja, es ist Angst da! Ja, es ist Wut da! – Ich sehe dich Angst/Wut/Ärger. Ich erkenne dich und anerkenne dich!"

Probiere es aus, was mit dem Ärger, Wut, Angst passiert, wenn du in dieser Weise Ja zu ihnen sagst!?

Es entsteht Frieden. Ich bin in Frieden und jetzt kann ich das Empfinden von Frieden im Gedanken unterstreichen.

Mit dieser Markierung gebe ich meinem Unterbewusstsein ein Signal, sich dies zu merken.

Und genauso gut kann ich auch die Wut oder die Angst aus dem Frieden heraus mit einem Kreuz markieren und damit mein Desinteresse meinem Unterbewusstsein signalisieren. Abends oder wann immer ich Zeit habe, kann ich das Geschehene Revue passieren lassen. Ich spüre nach, was und wie es war, als die Wut, die Angst oder was auch immer mich überwältigte und bearbeite es mit der FilmWechsel®-Methode.

Diese Nachbearbeitung ist wichtig, um zu erkennen, welches innere Programm mich immer wieder in Situationen führt, in denen ich mir weh tue. Denn während ich mich ärgere, tue ich mir selber weh und nicht der Person, über die ich mich ärgere. Mit der FilmWechsel®-Methode kann ich die Ursache erkennen und verändern und aus der Wiederholung aussteigen.

Ergänzende Übungen zur Gedankenhygiene

Wenn du erkennst, welche Reaktion gerade in dir aufkommt, dann bist du in der Beobachter-Position, du identifizierst dich in dem Augenblick nicht mit der Reaktion und so bist du in der Lage etwas zu verändern.

Übung: Körpercheck
Um deine Körperwahrnehmung zu trainieren und dadurch rechtzeitig erkennen zu können, wann unbewusste, kränkende, verspannende Gedanken und Emotionen des EGO-Geists vorherrschen, empfehle ich dir regelmässig den Körpercheck zu machen.

Es geht ganz einfach. Du gehst mit der Aufmerksamkeit nach innen, nimmst deinen Körper und alle Körperteile von unten bis oben einfach wahr. Du nimmst deine Füße wahr, die Zehen, die Fußsohle, die Knochen, Muskeln, Sehnen, den Fußrücken, die inneren Organe ... Es liegt an dir, ob du es vorziehst in allen Details den Körper und alle Organe wahrzunehmen und vielleicht ihnen auch zuzulächeln, oder du gehst - vor allem, wenn du schon gut geübt bist schneller vor. Dann nimmst du einfach die Füße, Unterschenkel, Oberschenkel, den Rumpf, Hände, Arme, Schulter, den Nacken und Kopf wahr.

Wenn du dazu mehr Hilfe brauchst, kannst du gerne eine geführte Meditation, als kostenpflichtige MP3 Datei (*www.dr-bewusst-sein.de/schatztruhe/audios*) herunterladen.

Übung: Reaktionen beobachten
Die eigenen Gedanken und die darauf folgenden Reaktionen, wie Emotionen und Körperempfindungen, beobachten. Ziel dieser Übung ist, die Zusammenhänge zu erkennen.

Nimm wahr, was dein Körper macht, wenn ein Gedanke kommt! Spannt er sich an? Entsteht Druck? Oder wird er weit, leicht? Oder passiert gar nichts?

Übung: Gedanken sortieren
Gedanken beobachten, wie während der vorherigen Übung, jedoch dann entsprechend dessen, was diese im Körper auslösen entscheiden, ob ich sie behalten will oder nicht.

Dies kann ich den ganzen Tag machen, während des Kochens, beim Autofahren, im Gespräch mit jemandem ...

Übung: „ICH BIN"
Während du einige Male langsam und achtsam ICH BIN aussprichst, achte auf deine Körperreaktionen. Löst es irgendwo im Körper Spannung aus? Oder entsteht Weite und Wärme? Entsteht ein Glücksgefühl in dir? Bleib dabei, wiederhole das Wort und lausche.

Achte im Alltag drauf: Welche Worte verbindest du mit dem machtvollen ICH BIN? Wie denkst du über dich? Wie redest du über dich?

Übung: Dankbarkeit
Nimm dir morgens und abends ein paar Minuten Zeit dir zu vergegenwärtigen, wofür du gerade dankbar bist. Falls dir etwas Unangenehmes tagsüber geschieht, finde heraus, wofür du in diesem Fall dankbar sein könntest.

Übung: Sich durch den Atem im Solarplexus ausdehnen
Atme durch den Solarplexus und erlaube ihm, dass er sich so weit ausdehnt, dass das ganze Universum hineinpasst.

Übung: Angst begegnen
Solltest du vor irgend etwas Angst verspüren, erlaube diesem Etwas (z.B. im Falle von Angst vor der Angst - der Angst; oder bei Angst vor einer Person - dieser Person), als eine manifestierte Erscheinung vor dir aufzutauchen und sprich diese an:
Ich sehe dich!
Ich erkenne dich!
Ich anerkenne dich!

Beobachte, wie die Erscheinung daraufhin reagiert. Was passiert mit ihr? Wiederhole die Ansprache noch ein paar Mal. Alles, was existiert, will nur gesehen und anerkannt werden. Sollte im Hintergrund etwas sein, das eine genauere Untersuchung verlangt, gehe mit der FilmWechsel®-Methode dran.

Solange ich gegen etwas bin, bin ich nicht nur unfrei, sondern auch meine schöpferische Energie ist gebunden.

Die Mechanismen des Egos: Trennung, Mangel, Leid

Eine der Hauptursachen von Stress, Depression, Erschöpfung, Burn-out ist: Im Unfrieden sein mit dem, was gerade ist.

Was haben der Manager, die Hausfrau und das Kleinkind gemeinsam? Dass sie sich alle stressen, weil sie sich dem Programm bedienen: Nicht gut genug zu sein, so wie sie sind. Sie müssten anders sein. Da denkt man heutzutage, das sei von außen bedingt, in unserer Gesellschaft lebe man nach der Uhr und habe so viele Leute um sich, die was von einem wollen. Das sind alles Dinge, die ich aus meinen eigenen Gedanken projiziere. Ich denke, ich müsse das und jenes machen. Wir denken, es würde erwartet, aber es ist unsere eigene Erwartung aufgrund von eigenem Mangel, der außen laut wird.

Es mag sein, dass Menschen um mich herum sind, die mir gegenüber Erwartungen haben, aber wenn in mir Klarheit darüber herrscht, dass ich auch dann geliebt und akzeptiert bin, wenn ich diese Erwartungen nicht erfülle, dann stresst es mich nicht, wer auch immer was auch immer von mir will. Und vor allem bin ich in der Lage, klar zu kommunizieren, was ich will und kann klar unterscheiden, was notwendig und wirklich von mir getan werden will.

Wenn ich weiß, wer ich bin, dann habe ich kein Problem, überhaupt kein Problem. Es gibt keinen „anderen“, der nachher sauer ist, weil ich für mich klar bin.

Was ist, wenn zum Beispiel ein Dienstleister nicht so gute Arbeit gemacht hat? Wie gehe ich ganz praktisch damit um? Fühle ich mich als Opfer? Erkenne ich meine „Mittäterschaft“?

Viele würden denken: „Der andere hat es gemacht und ich habe Pech gehabt.“ Oder: „Der Arzt hat mir Schaden zugefügt und ich bin Opfer der Umstände/Personen/Situationen.“

Im ersten Augenblick ist es vielleicht nicht so einfach und angenehm, doch nachher wird vieles erleichtert, wenn ich mich selbst frage: „Wie habe ich das kreiert, was gerade ist?“ - Und mich mit Geschichten nicht zufrieden gebe.

Vielleicht kommt nicht gleich eine Antwort. Aber meine Haltung ist, um etwas verändern zu können, zu erkennen, dass ich der Schöpfer bin und nicht irgendjemand anderer. Und ich bin bereit, voll die Verantwortung dafür zu tragen. Das heißt, ich sage ja zu jeder Situation.

Bearbeite die Situation mit der FilmWechsel®-Methode. Sie erleichtert es, die inneren Hintergründe zu erkennen und in Frieden zu kommen und Veränderung einzuleiten. Aus dem Frieden heraus kann ich anders agieren als aus Wut oder Verzweiflung heraus!

Wenn ich vor Gericht gehe um den anderen anzuklagen, tue ich es nicht aus der Wut heraus. Ich klage die anderen nicht aus Wut an, sondern ich sehe was ist, und aus einer neutralen Position heraus entscheide ich, ich stehe zu meinen Rechten und erschaffe eine andere Realität.

Solange das Ego im Spiel ist und bewertet, egal ob vom Verstand her oder emotional - du bist immer verstrickt mit der Sache.

Das Symptom zeigt mir, dass mein Geist krank ist, dass in mir der Ego-Geist aktiv ist. Ego = Die Summe meiner Erfahrungen, an denen ich hänge, denen ich Bedeutung gegeben habe.

Das Ego interpretiert und leitet daraus Überzeugungen ab. Diese Überzeugungen führen zu Konsequenzen. Denn durch diese Überzeugungen erschaffe ich das, was ich erlebe.

Wenn du jetzt denkst, das Ego sei ein „Bösewicht“ und du lehnst es ab, dann kannst du sicher sein, dass du dich gerade mit dem Ego identifiziert hast. Das Ego lehnt auch sich selbst ab. Es will trennen.

Trennung ist immer scheinbare Trennung und bedeutet: Nichterkennen. Es ist Teil des Schöpfungsprozesses.

„Nilatak attackiert das Nichts"

Es war im Jahr 1993 während einer meiner psychotherapeutischen Weiterbildungen.

Eine Teilnehmerin kam etwas später zum Wochenend-Seminar, weil sie mit ihren Kindern eine Überraschung für uns vorbereitet hatte. Jeder von uns bekam einen Zettel, auf dem sein Name stand, und zwar rückwärts verdreht, und ein dazu passender witziger oder sinniger Reim, den ihre Kinder aufgeschrieben hatten.

Auf meinem Zettel stand: „Nilatak attackiert das Nichts." Ich habe zuerst gedacht, die spinnt und war etwas verärgert darüber, dass sie die Gruppenarbeit aufhielt. Doch kurze Zeit später erlebte ich in einer Rebirthing-Sitzung eine ganz tiefe Erfahrung vom SEIN und NICHTSEIN. ALLES und gleichzeitig NICHTS zu sein erfüllte mich mit voller Heiterkeit.

Ich konnte nur noch lachen, über mich und über die Welt! Was ich alles gedacht hatte zu sein, verblasste im Nu und es blieb nur das Gefühl der Unendlichkeit da. In dem Moment wurde mir kristallklar, wie jede Definition, jede Identifikation wie „Ich bin Therapeutin/ Ungarin / Deutsche / Astrologin / Buchautorin / oder was auch immer..." - mich verletzlich macht und mich in der Tat verletzt, weil mich das von der Einheit trennt.

Die Dualität hat Separation als Folge: wir trennen uns vom Rest. Wenn ich mich mit der Therapeutin identifiziere, dann trenne ich mich von allem, was „Nicht-Therapeutin" ist. Den Teil in uns und in anderen, der diese Trennung aufrecht erhält, nennen wir Ego.

Das Ego ist die Ansammlung von all den Geschichten und aus den Geschichten abgeleiteten Bewertungen, Urteile und Verurteilungen. Der göttliche Teil beurteilt nicht, verurteilt nicht, bewertet nicht. Wenn er bewertet, dann nicht mit Plus-Minus-Vorzeichen, sondern er stellt einfach fest: ‚Ja, das hat diese Konsequenz, das hat jene Konsequenz." Ich sehe es und bin frei, dem eine Bedeutung zu geben oder es zu lassen. Das Ego hat nur eins im Sinn: zu trennen.

Schmerz entsteht durch Denken. Das körperliche Empfinden, wie z.B. Schmerz, wird durch das Gehirn gesteuert. Das Empfinden wird erst wahrgenommen, wenn du darüber nachgedacht hast. Wenn du voll beschäftigt bist und du schneidest dich in den Finger, merkst du zuerst mal gar nichts. Dann siehst du das Blut. Es kommt eine Erinnerung aus der Vergangenheit an eine ähnliche Situation und wird gleich assoziiert. Du denkst: „Oh, das muss jetzt weh tun", und spürst gleich das Pochen in den Fingern. Das sind Erinnerungen aus der Vergangenheit.

All diese Empfindungen sind Folge dessen, dass wir bestimmte Erfahrungen, die wir gemacht haben, gedeutet haben. Wir haben aus der Erfahrung eine Konsequenz gezogen, die als Glaubensüberzeugung fungiert. So eine wäre in dem Fall z.B. „Wo Blut fliesst, dort muss Schmerz sein!" Sonst würden wir dem, was wir gerade erleben, keine Deutung=Bedeutung geben.

Die Gehirnforscherin, Jill Bolte Taylor, die selber eine Gehirnblutung erlebte, berichtet, dass, wenn die eine Gehirnhälfte ausfällt, sich die Körpergrenzen auflösen und der Körper keinen Schmerz mehr empfindet. Dann fällt diese Konditionierung weg. Die Wahrnehmung ist noch da, aber die Interpretation fehlt. Das Gehirn hat die Funktion, Informationen zu übersetzen. Das tut es aufgrund früherer Erfahrungen. Egal, ob etwas außen oder innen geschieht, es wird vom Gehirn anhand von vorigen Erfahrungen bewertet.

Ich erfahre, woran ich glaube.

Unabhängig davon, wer der Programmierer ist und was er programmiert hat, die Bilder am Bildschirm oszillieren, weil sie entstehen und nicht entstehen. Es gibt zwei Signale: 1 und 0. Das heisst: Ja und Nein. Genauso ist es in unserem Gehirn und so entsteht auch unser Lebens-Film. Wenn ich als Drehbuchautor einen Film schreibe, habe ich immer zwei Möglichkeiten, weil ich mich in der Dualität bewege. Und damit habe ich immer die Wahl von zwei gegensätzlichen Polen. Ich als Regisseur kann bewusst in die eine oder andere Richtung gehen. Jedoch nur, wenn es mir bewusst ist, was für ein Programm ich bereits habe. Erst dann kann ich es bewusst verändern oder eben belassen, wie es ist.

Ob ich dessen bewusst bin oder nicht, ich bin immer der Regisseur meines Filmes, meiner Programme. Es gibt keine Kraft ausserhalb von mir, die mich so oder anders macht. Deshalb ist es lebensnotwendig zu erkennen, welche Programme ich bereits kreiert habe. Dazu muss man hinschauen: Was zeigt sich auf dem Bildschirm? Was habe ich bereits programmiert? Ich programmiere bereits als kleines Kind, als ewiger Geist sogar schon im Mutterleib. Das Programm, das ich sehe, entspricht dem was ich in meinem Leben erfahre.

Der Körper macht immer das, was der Geist diktiert.
Wenn du glaubst, dich verteidigen zu müssen, wenn du glaubst, du bist schuld oder der andere ist schuld, dann bist du in der Identifikation mit dem Ego und das Spiel läuft weiter: Dein Körper spannt sich an, du gerätst in Stress, reagierst automatisch mit Angriff, Verteidigung oder Flucht.

Das Programm entsteht zum Beispiel in der Kindheit oder irgendwann mal aufgrund einer Erfahrung, in der ein Entschluss gefasst wurde, so z.B. „Ich werde nicht geliebt“. Weil die Mutter nicht kam, als ich mir wehgetan habe. Daraus habe ich die Schlussfolgerung gezogen, ich werde nicht beachtet oder ich werde nicht geliebt, nicht gehört oder ich bekomme keine Hilfe. Diese Schlussfolgerung basiert auf der eingeschränkten, einseitigen Sicht auf die Sache. Das ist keine Wahrheit. Aus dieser eingeschränkten Sicht des Kindes, da das Kind ja keinen Überblick haben kann, entsteht ein Programm, das weh tut. Es sieht nicht, dass die Mutter gerade mit anderem die Hände voll hat oder auf dem Klo sitzt und im Moment nicht kann. Es denkt für sich, es sei nicht geliebt und fühlt sich den Umständen ausgeliefert ...

Wenn das Programm (der Glaube) einmal aufgestellt ist, steht es und zieht Ereignisse an, die es bekräftigen. So wird der Glaube immer fester und so kommt es zu solchen Aussagen: „Wie sollte ich es nicht glauben? Ich habe es ja erfahren!"

Um aus diesem Teufelskreis auszubrechen, hilft es, sich die Frage zu stellen: „Wie habe ich es kreiert? Was habe ich gedacht? Was habe ich geglaubt? Kann ich 100% sicher sein, dass es wirklich wahr ist, was ich glaube und denke?"

Meine 20 Jahre lange, reinkarnationstherapeutische Arbeit hat mir gezeigt, dass die Entscheidung zu Inkarnieren und bestimmte Erfahrungen zu machen vor der Zeugung getroffen wird: „Ich will erfahren, woran ich glaube... damit ich erkenne, wer ich bin!"

Wenn du als Kind erlebst, dass die Eltern sehr viel für die Lebensgrundlagen arbeiten, dann glaubst du, dass man viel arbeiten muss, um leben zu können. Oder wenn wenig Geld da ist und dir erzählt wird „wir sind arm", dann glaubst du arm zu sein.

Das, was wir als Kind erfahren, geschieht uns aber nicht zufällig, weil nun unsere Eltern dieses oder jenes Verhalten zeigen, sondern weil wir bereits als Seele bestimmte Entscheidungen in uns tragen und dementsprechend unsere Eltern aussuchen und unser Leben erschaffen.

Wenn wir in diese Welt kommen, ist die Entscheidung schon gefallen: „Ich will erfahren, woran ich glaube!"
Die Seele weiß: „Ich will es erleben, erfahren, auch erleiden, und wenn ich merke, o.k., das kenne ich jetzt, dann kann ich auch neue, andere Entscheidungen treffen." Doch davon weiß der Mensch zunächst nichts. Es ist ein Prozess, bis einem Menschen bewusst wird, dass er wählen kann, wie er auf das reagiert was er gerade erlebt.

Es ist ein spielerischer Prozess. Man braucht auch erst mal gar nicht zu begreifen, dass man selbst es ist, der alles im eigenen Leben erschafft. Wenn man mit der FilmWechsel®-Methode arbeitet, merkt man es aber nach und nach. Das eigene Unterbewusstsein führt einen zum Erkennen hin, denn es fühlt sich nicht in Frage gestellt.

Damals in der Reinkarnationstherapie habe ich erfahren, dass das Unterbewusstsein sich nicht direkt zeigen will, weil es Angst hat vor Verurteilung und vor Ablehnung.

Die Reinkarnationstherapie verwendet eine Art Trick, diese verdrängten Dinge anzuschauen. Unter dem Deckmantel „anderes Leben" fällt es leichter sie anzuschauen, weil das Ego sich nicht querstellt. Es denkt: „Das bin ich ja nicht. So war es mal irgendwann in einem anderen Leben." Mein Anliegen war damals in der Reinkarnationstherapie, Menschen erkennen zu lassen, dass sie beides sind, Täter und Opfer und das noch dazu gleichzeitig.

Doch wir brauchen all diese Geschichten nicht. Wann wir wer waren, ist vollkommen egal! Was wir getan haben, ist vollkommen egal. Wenn wir diese vergangenen Leben anschauen, können wir sehen, wie sich Themen wie ein roter Faden durch all diese Erfahrungen und Geschichten ziehen, und wir erkennen, dass hinter allem immer ein bestimmter Glaubenssatz steckt.

Wenn ich hinter diesen Glaubenssatz komme und ihn mit einer bewussten neuen Entscheidung verändere, dann ist das Thema gelöst!

Dann braucht das Unterbewusstsein keine neuen Ereignisse oder Symptome zu erschaffen, weil die Ursache, der Glaubenssatz beendet und geändert ist.

Das Programm, welches ich immer habe, ist weder gut noch schlecht, sondern es ist. Befinde ich mich aber in der Phase der Ablehnung von dem was ist, dann bin ich nicht fähig etwas zu verändern.

Wenn ich das, was ich sehe verändern will, dann muss ich ganz bewusst mit Absicht und mit Klarheit darangehen. Ich muss die Bereitschaft haben zu erkennen, was das ist, wie das entstanden ist. Wie ist das Bild aufgebaut? Ist es zum Beispiel aus 2 Plus- und 2 Minuszeichen? Wenn ich es erkenne, dann kann ich es bewusst verändern. Ich kann es aber nicht verändern, wenn ich nicht weiß wie es entstanden ist und was mein Beitrag dazu war.

Der Schöpfungsprozess

Mit dem Bewusstsein außerhalb der Dualität, während wir in der Dualität leben

Unabhängig davon, was wo wann entsteht, können wir 3 Schritte in jedem Schöpfungsprozess beobachten. Das ewige Spiel der Schöpfung, der Schöpfungsprozess läuft nach dem Muster der Ur-Schöpfung ab:

1. Erschaffen = die scheinbare Dualität entsteht
2. Erhalten = Nicht-Erkennen
3. Auflösen (Beenden) = Erkennen führt zur Einheit zurück

Schritt 1: Erschaffen

Aus der ewigen Einheit heraus, um sich zu erfahren erschafft der Schöpfer sein Ebenbild, die Schöpfung. Wohlgemerkt: aus der Einheit heraus, das heisst er kann nur innerhalb von sich selbst erschaffen, denn wenn es ein Ausserhalb gäbe, wäre er nicht in der Einheit, sondern bereits in der Dualität.

Es sieht also so aus, als ob dadurch in der Schöpfung ein Gegenpol zum Schöpfer geboren wäre. Aber es ist nur scheinbar so. Der Schöpfer will seine Schöpfung betrachten - dazu braucht er zuerst einen Abstand. Er entfernt sich - und es entsteht die scheinbare Dualität.

Schritt 2: Erhalten

Die scheinbare Dualität wird so lange aufrecht erhalten, so lange der Schöpfer seine Schöpfung mit Abstand betrachtet. Diese Phase ist die des Nicht-Erkennens.

Je grösser der Abstand ist und je länger die Betrachtung geschieht, desto echter erscheint die Dualität. Allmählich wird an die Trennung geglaubt und es entsteht Angst. Die Angst führt zu Be- und Verurteilungen, zur Interpretationen, zu Geschichten und das Ego ist geboren.

Schritt 3: Auflösen/Beenden

Das Erkennen bringt der scheinbaren Dualität ein Ende. Der Schöpfer erkennt sich in seiner Schöpfung und nimmt sie zu sich zurück. Er bekennt sich zu seiner Schöpfung, in dem er anerkennt: „Ja, ich bin es! Ich hab's getan!"

Damit löst er den Abstand auf, er integriert seine Schöpfung in sich und landet wieder in der Einheit. Diese Einheit ist qualitativ anders, als die Einheit vorher in der Ausgangslage.

Wie viel Erleichterung das Erkennen mit sich bringt, kannst du ausprobieren, wenn du den Satz aussprichst: „Ich sehe dich, erkenne dich und anerkenne dich als meine Schöpfung." Wobei der Adressat, dieses „Du" variert. So kannst du die Angst ansprechen, mit dem Schmerz reden, mit deinem Spiegelbild oder mit anderen Personen usw.

Geist und Materie

Bevor die Materie entsteht, existiert bereits ein Feld der Information, das sich zuerst in Form von Gedanken ausdrückt. Es geschieht etwas. Als Reaktion darauf gebe ich, als individualisierter Geist, ihnen eine Bedeutung. Meine Deutung hat mit meinen Erfahrungen zu tun. Ich habe mir irgendwann einmal ein eigenes Bild gemacht, ohne das Ganze sehen zu können. Ich habe einen Ausschnitt der Wirklichkeit gesehen und auch diesen nach dem eigenen Muster gedeutet.

Das Problem fängt aber wirklich erst an, nachdem ich aus der eigenen Deutung eine Konsequenz ableite. So z.B. „Die Welt ist so grausam", oder „Ich bin nicht liebenswert". Also, wir kleben uns an einen Ausschnitt der Wirklichkeit und glauben er sei die Wahrheit. Mit solchen Programmen kommen wir in die Welt.

Unsere Ahnen haben ähnliche Muster und wir kommen zu ihnen, damit wir erkennen, wer wir sind. Welche Glaubenssätze beherrschen uns? Denn wir sind das geworden, was wir gedacht haben.

Es ist hilfreich, wenn wir die Reinkarnation akzeptieren können, aber man braucht sie nicht. Die Theorie der Reinkarnation ist ein Modell, das unserem Unterbewusstsein hilft, mit verdrängten Themen besser umzugehen. Sich eine Chronologie der Geschehnisse, ein zeitliches Aufeinanderfolgen von Ursache und Wirkung vorzustellen, ist für die meisten Menschen einfacher, als sich vorzustellen, dass alles gleichzeitig ist und passiert. Aus der Sicht des Kosmos gibt es keine Zeit und es findet alles gleichzeitig statt: Das Erschaffen, das Erhalten und das Auflösen und Wiedererschaffen.

Viele haben Schwierigkeiten anzunehmen, dass wir bereits vor unserer Geburt alles in uns trugen. Mein Buch: „Astrologie im Spiegel der Reinkarnationstherapie", zeigt mit vielen Fallbeispielen, wie heilsam es ist zu sehen, dass wir immer gleichzeitig Opfer und Täter sind.

Wir denken, wir bekommen diese Denk- und Verhaltensmuster durch unsere Eltern. Meine Erfahrung nach ist es nicht so, sondern, die Eltern zeigen mir diese Informationen, damit ich erkenne, was ich bereits in mir trage.

Der genetische Code meiner Eltern ist ebenso ein Informationsfeld, so wie ich es bereits in meinem Informationsfeld trage. Als Seele suche ich genau diese Informationen. Es ist wie ein Fahrzeug, in das ich einsteige. Es passt optimal zu mir, weil es genau das zeigt, was ich in mir an Denkmustern, Überzeugungen, Einstellungen, Versprechungen trage. Und ich darf das erkennen. Das ganze Universum stellt sich zur Verfügung, dass ich mich erkennen kann.

Mit dem „Mich-Erkennen" beende ich quasi meine Schöpfung. „Erchaffen, Erhalten und Auflösen" - die drei Ebenen des Schöpfungsprozesses sehen in meinem Alltag so aus: Ich setze bewusst oder unbewusst meine Gedanken in die Welt. Daraus entsteht die Realität, die ich als solche sehe und erlebe und entsprechend meiner Neigung ablehne oder mich darüber erfreue. Wenn ich zuerst einmal nicht annehmen, geschweige anerkennen kann, dass das, was ich ablehne ich bin, so erhalte ich die Schöpfung aufrecht. Das heisst, ich (er-)halte sie von mir getrennt.

Durch das Erkennen, das bin ich, d.h. wenn ich meine Schöpfung angenommen habe, und erkannt habe, das bin ich, habe ich den Schöpfungsprozess zu Ende gebracht/vollendet.

Frage: Wenn du erkennst, dass du es bist, hast du kein Schuldgefühl?

Ein Schuldgefühl hast du nur, wenn du bewertest und urteilst. Im Prozess der FilmWechsel®-Methode fängst du von vornherein an, alles aus dem Blickwinkel des unschuldigen Kindes zu betrachten. Wir spielen mit einem Symbol. Damit umgehen wir die direkte Konfrontation mit den ganzen Geschichten, die im Hintergrund liegen und mit denen wir verwickelt sind. So fällt es uns leicht alles, was geschehen ist, anzunehmen.

Der Schöpfer liebt seine Schöpfung bedingungslos. Weder bewertet noch beurteilt er sie. Deshalb kennt er keine Schuld.

Wir können zum Unterbewusstsein nur durch Umweg Zugang haben. Denn alles, was sich dort angesammelt hat, sind Dinge, die wir verurteilt haben. Deshalb will es sich uns nicht direkt zeigen. Du würdest Menschen auch aus dem Weg gehen, die dich verurteilen, oder?

Doch niemand will lange im Kerker versteckt bleiben. So auch die ins Unterbewusstsein verbannten Dinge nicht. Und so suchen sie Wege, indem sie indirekt Situationen erschaffen, durch die wir die Chance bekommen, unsere Urteile zu erkennen und sie zurückzunehmen.

Wir können nichts anderes erleben, als die Muster, die wir in uns tragen. Alles, was uns geschieht, entspricht den Mustern, die wir in uns haben.

Ich sende ständig etwas nach außen und entsprechend erlebe ich das, was ich erlebe. Ich kann nichts anderes erleben. Daher, was immer mir passiert - ob schmerzhaft oder freudvoll - ist es sinnvoll mich selbst zu fragen: „Wie habe ich dies jetzt kreiert?" „Wo ging meine Aufmerksamkeit hin?"

Zum Beispiel: Dir wird die Arbeit gekündigt. Wenn du ehrlich mit dir bist, wirst du einsehen, dass du dir während längerer Zeit solche Gedanken gemacht hast wie: „Es ist mir alles lästig, was ich hier zu tun habe", oder „Am liebsten würde ich aufhören zu arbeiten", oder „Ich fühle mich überfordert/Ich bin nicht gut genug", „Ich kann die Erwartungen nicht erfüllen"... oder Ähnliches.

Die Übung mit der Gedankenhygiene dient dazu, uns überhaupt dessen bewusst zu sein, wo unsere Aufmerksamkeit hingeht. Es ist gut, wenn wir im Hinterkopf behalten, dass in der Polarität, in der wir leben, die Gegensätze immer gleichzeitig existieren. Nur unsere eingeschränkt konditionierte Wahrnehmung lässt es uns nicht erkennen und konzentriert sich auf nur eine Seite.

Das heisst, wenn ich die Gedanken entsprechend markiere, tue ich es nicht, weil ich sie ablehne oder ignorieren will, sondern weil ich weiß, dass die Dualität immer beides beinhaltet.

Die gegensätzlichen Pole sind immer gleichzeitig da, und weil sie gleichzeitig da sind, löschen sie einander auch aus. Deshalb kann sich von sich aus nichts manifestieren, es bleibt in der Einheit.

Aus der Einheit oder aus dem „Nichts" kann erst „Etwas" werden, wenn die Aufmerksamkeit die eine Seite der Medaille (der gegensätzlichen/polaren Paare) auswählt und sich dafür entscheidet.

Was immer daraus kreiert wird, wird immer Scheinrealität sein. Eine Scheinrealität, weil die Dualität, die Polarität ein Spiel der Einheit ist. Deshalb ist es egal, welche Seite der Polarität ich wähle - die beiden sind eh nur scheinbar...

Dann macht es auch Spass, bewusst zu kreieren. Aus Freude am Kreieren im Bewusstsein dessen, dass alle meine Kreationen Illusionen sind, weil sie getrennt von mir erscheinen, obwohl ich sie bin.

Ist dies alles zu verstehen?
Kannst du dir erlauben, etwas nicht zu verstehen?
Ich wollte alles verstehen, alles erklären können... Irgendwann musste ich einsehen: ich kann es nicht. ... Und irgendwann habe ich erkannt: „Ich werde auch geliebt, wenn ich nicht alles verstehe."

Die Motivation, alles verstehen zu wollen, ist oft mit der Angst verknüpft, Dinge nicht unter Kontrolle halten zu können. Das Bedürfnis, alles unter Kontrolle zu haben, entsteht aus der auf Fehlwahrnehmung basierenden Glaubensüberzeugung „getrennt zu sein".

„Getrennt zu sein" ist ein Angriffsgedanke. Er greift uns selbst an. Wenn wir getrennt sind, sind wir bedroht. Und daraus entstehen alle weiteren Komplikationen. Je mehr wir uns auf das Äussere orientieren, desto mehr verstärkt sich die Überzeugung, getrennt und damit auch bedroht zu sein.

Deshalb ist es so wichtig, uns nach innen zu orientieren. Denn alle wichtigen Informationen, die wir brauchen, erfahren wir in unserem Inneren.

Die Welt ist eine Scheinwelt. Wenn du in dir selbst nicht verankert und nicht so ausgerichtet bist, dass dich nichts aus der Balance bringen kann, dann ist es wichtig, dass du dich damit beschäftigst und dich auf das Allerhöchste in dir ausrichtest.

Solange du aus der Angst heraus nur mit dem Überleben beschäftigt bist, wirst du nicht leben. Die Sicherheit, nach der wir alle suchen, finden wir nur im inneren.

Ich bin ausgerichtet auf Gott. Für mich ist es der heilige Geist, der heilt. Der mir solche Gedanken und Informationen liefert, die mir Frieden bringen. (Wohlgemerkt: Frieden ist kein Stillstand, sondern die Voraussetzung für erwachtes Handeln).

Ich war dabei mich zu erkennen. Dann habe ich gemerkt, wie das Ego um sein Leben kämpfte und versuchte, mich mit Dramen beschäftigt zu halten. Das ist Gnade. Es ist Gnade, diese Abläufe zu sehen, zu erkennen und aussteigen zu können.

Wie der Film entsteht, den du tagtäglich erlebst

Du bist mit Freunden unterwegs, und weil die Stimmung so gut ist, beschließt du das Ganze zu filmen, um später eine schöne Erinnerung zu haben. Du greifst spontan zu deiner Handykamera und klickst auf „Aufnahme".

Ein Freund hat gleichzeitig die gleiche Idee und ihr habt zufällig beide dieselbe Szene gefilmt! Ihr seid neugierig auf das Ergebnis und schaut euch beide Aufzeichnungen an.

Sein Film gefällt dir viel besser als dein eigener! Die Bilder sind schärfer, die Farben leuchtender. Offenbar hat er vorher die passenderen Kameraeinstellungen bzw. Filter gewählt ...

Deinem Freund hingegen gefällt dein Film besser. Er findet, dass deine Kameraführung dem Zuschauer einen guten Rundum-Eindruck vom Ort und der Atmosphäre gibt und dann durch den Zoom auf das Geschehen das Gefühl vermittelt, mitten drin dabei zu sein. Um diese Wirkung zu erzielen, hast du offenbar die optimale Perspektive gewählt!

Die Macht der Einstellungen

So wie die Einstellungen, die du an und mit deiner Kamera vornimmst, das Ergebnis - den Film - bestimmen, so beeinflussen deine inneren Einstellungen, Gedanken und Haltungen, was du wahrnimmst und wie du es wahrnimmst.

Denk nur an das halbvolle oder halbleere Glas! Ein alter Hut, ich weiß. Es nützt aber, sich immer wieder mal klar zu machen: Wie etwas erlebt wird, ist immer abhängig vom Beobachter und seiner Sichtweise. Die heutige Physik geht einen Schritt weiter und behauptet: Materie - also z.B. das Glas und das Wasser darin - entsteht überhaupt erst dadurch, dass es einen bewussten Beobachter gibt! (Diese Theorie ist bekannt als Kopenhagener Deutung)

Materie entsteht erst durch Beobachtung/Aufmerksamkeit
Anlass für diese These war ein rätselhaftes Phänomen, das beim sogenannten Doppelspaltexperiment auftritt: Ist bei diesem Experiment kein Beobachter zugegen, verhalten sich die Elektronen wie Wellen, sie befinden sich also im immateriellen Zustand. Ist jedoch ein bewusster Beobachter anwesend, zeigen sich die Elektronen als Teilchen, das heißt als Materie.

Bewusste Beobachtung erzeugt also Materie. So, wie deine Kamera einen Film erzeugt, wenn du sie anschaltest und deine Aufmerksamkeit auf etwas Bestimmtes richtest.

Könnte es also sein, dass deine gesamte, aus Materie bestehende Realität, wie dein Körper, deine Umgebung und deine Erfahrungen, auf ähnliche Weise entstehen wie die Materieteilchen im Doppelspaltexperiment? Nämlich - durch Aufmerksamkeit? Genauer gesagt, durch deine Aufmerksamkeit? Ich möchte dich einladen, dich einmal für diese Idee zu öffnen!

Wer oder was bin ich eigentlich?
Hast du dir einmal darüber Gedanken gemacht, wer du bist? Was fällt dir auf die Frage ein: „Wer bin ich?“ Notiere hier deine Antworten:

....

....

Was ist dir dazu eingefallen? Dein Name? Deine berufliche Identität oder Position? Dein familiärer Status? Deine Nationalität? Oder bestimmte Wesenszüge, die du bei dir selbst oder andere bei dir sehen?

Oder bist du vielleicht zum Ergebnis gekommen, dass du dein Körper bist? Oder vielleicht deine Gefühle? Oder deine Gedanken? Oder irgendetwas aus allen dreien? Vielleicht denkst du, du bist eine Seele? Ein geistiges, spirituelles Wesen?

All diese Dinge können zwar deine Person beschreiben, aber wer bist du ohne solche Beschreibungen? Was bleibt übrig, wenn all diese Definitionen wegfallen?

Jedes Mal, wenn du dich mit der Frage „Wer bin ich?“ beschäftigst, wirst du immer wieder neue Antworten finden, und keine dieser Antworten wird falsch sein - aber auch keine richtig. Alles, was du beobachten kannst, kannst nicht du sein. Wenn alles, was du beobachten kannst nicht du bist, wer bist du dann?

Was alles kannst du beobachten?
Deine Umgebung ... Deinen Körper ... sogar deine Innenwelt, deine Gedanken und Emotionen kannst du beobachten. Du kannst sogar den Beobachter in dir beobachten. Wer bist du dann?

Der Beobachter
Mit Beobachten ist nicht nur das Sehen gemeint, sondern die Summe aller Wahrnehmungen: Sehen, Hören, Schmecken, Riechen, ki-

nästhetische Eindrücke wie Wärme oder Kälte, Schwere oder Leichtigkeit, Ruhe oder Beschleunigung, Lage im Raum und Berührung und auch sogenannte übersinnliche und „paranormale“ Wahrnehmungen. Wann immer wir Informationen aus der Außen- oder Innenwelt wahrnehmen, kann sich die Aufmerksamkeit spalten: Auf das, was wir wahrnehmen und darauf, dass wir gerade dabei sind, wahrzunehmen.

Der neutrale Beobachter tut nichts, als zu beobachten. Er nimmt wahr ohne das „Wahrgenommene“ zu kommentieren, interpretieren, bewerten, ohne dessen eine Bedeutung zu geben. Er beobachtet die Bewegungen der Aufmerksamkeit.

Bist du dieses Etwas, das beobachtet und wahrnimmt? Oder bist du die Aufmerksamkeit, die Wirklichkeit kreiert?

Mach jetzt mal ein Experiment:
Such dir einen Gegenstand in deiner Umgebung aus und fang an, diesen zu beobachten. Wie lange kannst du es tun, ohne das Wahrgenommene zu kommentieren? Ohne darüber einen Gedanken zu machen? Wahrscheinlich nur sehr kurz. Übe es immer wieder, dehne die Zeit aus, in der du nichts darüber denkst, was du wahrnimmst. Du wirst sehen, wie erholsam das ist!

Doch irgendwann wird es langweilig und du fängst an zu spielen. Du, als Aufmerksamkeit, suchst eine Richtung und hast Spass daran, Realität zu erschaffen und wieder aufzulösen, indem du deiner Schöpfung die Bedeutung wegnimmst.

Experimentiere damit, Dingen in deiner Umgebung eine Bedeutung zu geben und sie dann wieder von ihnen zu befreien.

Wenn es dir schwer fällt, einen geliebten Gegenstand oder eine gehasste Person neutral anzuschauen, dann stell dir vor, diese in einen Behälter voller Vakuum zu tun.

Schau zu, wie alle Etiketten, die du an sie geheftet hast, im Vakuum abfallen.

Wir können den Dingen beliebig Bedeutungen zuteilen und diese wieder wegnehmen und auflösen. Wichtig ist nur, dass wir uns erinnern: Nichts hat von sich aus eine Bedeutung! Alles hat nur die Bedeutung, die ich ihm gegeben habe. Es steht mir frei, diese jederzeit zu ändern.

Ist es dir bewusst, dass:

1. Du durch deine Aufmerksamkeit Einfluss darauf nimmst, was und wie du etwas erlebst? (Denk an die Kamera!)
2. Du als Aufmerksamkeit schöpferisch bist, d.h. du die Realität erschaffst? (Denk an das Doppelspaltexperiment!)

Alle Menschen sind mit schöpferischen Fähigkeiten ausgestattet. Es gibt aber große Unterschiede, wie bewusst oder unbewusst ein Mensch diese Fähigkeit einsetzt.

Jedes Lebewesen befindet sich in dem Entwicklungsstadium seines Bewusstseins, das gerade für die Seele passt. Das eine hat die Aufgabe einfach da zu sein und damit anderen die Möglichkeit zu geben, in einem bestimmten Bereich zu wachsen. Die Einschränkung des einen fordert den anderen heraus, in seinem Leben Bewusstseinssprünge zu machen. Deshalb gibt es Menschen, die gar kein Interesse daran haben, aufzuwachen, weil sie in ihrem Leben ganz andere Bereiche haben, in denen sie etwas erledigen sollen. Es ist also längst nicht für alle Menschen wichtig, „aufzuwachen" und das eigene Schöpferbewusstsein zu erkennen.

Wo stehst du? Strebst du Erleuchtung an? Oder geht es dir zunächst einmal ganz profan darum, Lebensprobleme effektiver zu lösen, dich von Stress zu befreien und dir ein glückliches Leben aufzubauen? Wenn du mich fragst, besteht zwischen beidem kein großer Unterschied! Denn für jeden von uns gilt:

**Der eigene LebensFilm entsteht durch die Wahl,
die man von Moment zu Moment trifft.**

Ich war verheiratet, die Ehe war eigentlich gut, aber seelisch fühlte ich mich nicht erfüllt. Ich war in dieser Zeit sehr vielseitig interessiert, las viele Bücher und habe mich jedoch verletzt gefühlt, als mein Mann all meine Interessen komplett ablehnte. Ich habe mich mit den Büchern identifiziert und die Ablehnung dieser Bücher durch meinem Mann habe ich als Ablehnung meiner Person gedeutet. Obwohl ich damals viel meditierte, um meine Situation zu klären, merkte ich nicht, wie meine Gedanken zur Trennung führten.

Hätte ich seine Meinung neben meiner stehen lassen können, wären wir vielleicht heute noch zusammen. Meine Entscheidung, mich verletzt zu fühlen, hatte Folgen ...

Eines Tages wurde mir klar: Meine Identifikationen waren viel zu einschränkend. Ich bin viel, viel mehr. Heute ist es mir egal, wenn ein anderer irgendwas dazu sagt, was ich mache oder nicht mache - weil ich mich mit nichts mehr identifiziere. Ich musste erkennen, dass alles, was ich glaubte zu sein, ich nicht bin ...

Stress

Was fehlt uns, wenn wir gestresst sind? Wo sind wir mit unserer Aufmerksamkeit? Ist unsere Aufmerksamkeit in Beschlag genommen worden von außen? Von all dem, was um uns herum geschieht? Nehmen wir uns dabei wahr? Wären wir uns unserer Gedanken bewusst, könnten wir diese in Frage stellen und bewusst auswählen, was wir denken wollen. So wären wir weniger gestresst.

Stress ist immer eine Spaltung. Eine Spaltung zwischen dem was ist, und dem was wir gerne hätten. Wir sind nicht im Hier und Jetzt, und schon gar nicht einverstanden mit dem was wir gerade tun, oder was wir gerade denken, fühlen und erleben.

Stress ist eine Spaltung

Eine Spaltung zwischen dem was ist und unseren Wünschen, dem was wir gerne hätten

Unsere Aufmerksamkeit ist die Instanz, die auswählt. Unser Lebens-Film besteht aus vielen Einzelbildern, die sich aneinander reihen. Welche Bilder entstehen, können wir steuern, indem wir von Moment zu Moment unserer Einstellungen, die die Aufmerksamkeit steuern, bewusst sind.

Wir können aber unsere Aufmerksamkeit erst bewusst steuern und ihre Richtung ändern, wenn wir unserer Programme, Einstellungen, Glaubenssätze, die die Wirklichkeit filtern, bewusst sind. Denn diese Filter filtern unser Erleben hell oder dunkel, verschwommen oder scharf, grau in grau oder voller Farbe, bedrohlich oder sicher, gestresst - oder friedlich und entspannt.

Das Produkt unserer Aufmerksamkeit und unserer Einstellungen ist in jedem Moment ein Miteinander von Eindrücken, Gedanken und Gefühlen - ein Gesamtbild. Im Laufe der Zeit bildet sich so der Film unseres Lebens - ein Moment nach dem anderen, ein Bild nach dem anderen.

Die Aufmerksamkeit bewegt sich aufgrund der gespeicherten Programme im Gesamtsystem, das aus Körpern verschiedener Dichte besteht: Der physische Körper, der emotionale Körper, der mentale Körper und der spiritueller Körper.

Die Aufmerksamkeit, die ich bin, wählt das eine oder andere Programm aus. Wenn ich als Aufmerksamkeit mir dessen bewusst bin, dass ich die Aufmerksamkeit bin, dann habe ich erkannt, dass ich nichts anderes sein kann als der Schöpfer selbst und nie getrennt war und nie getrennt sein werde.

Wenn ich mir dessen nicht bewusst bin, werde ich denken, ich sei den Dingen ausgeliefert und identifiziere mich mit dem Leid oder mit dem Körper. Bevor Menschen entdecken, dass sie ihr Leben mit ihren Gedanken erschaffen, fühlen sie sich dem Leben ausgeliefert.

Wenn ich mir bewusst bin, dass ich die Aufmerksamkeit und damit der Schöpfer bin, kann ich die Programmierungen, die meine Gefühle und Gedanken zuvor geprägt hatten, verändern.

So kommst du unterbewussten Einstellungen auf die Spur. Einstellungen sind gespeicherte Gedanken, Überzeugungen, Versprechungen, Entscheidungen. Einstellungen zeigen sich in dem, was du erlebst.

Automatisierte Gedanken

Der Körper kann nichts von alleine. Er reagiert immer auf Gedanken. Aber wenn diese Gedanken schon automatisiert sind, das heißt schon sehr lange sehr oft hinaus gesendet wurden, dann entsteht aus so einem Gedankenkomplex ein sogenanntes Elementar, eine Wesenheit. Wenn der Körper reagiert, ohne dass ich irgendwas gedacht hätte, dann steht möglicherweise ein Elementar hinter dieser Reaktion. Auch solche Elementare wollen nichts anderes, als gesehen zu werden. Also, schau hin, sprich sie an, bezeuge, dass du sie siehst, erkennst und anerkennst. So einfach ist es!

Welche Einstellungen dein System gespeichert hat, bemerkst du daran, was du denkst, fühlst und erlebst. Analysiere deshalb regelmäßig deine Gedanken, Gefühle und dein Erleben.

Die Mitwirkenden in deinem LebensFilm

Im Laufe des Buches hast du wahrscheinlich einige neue Aspekte deines Selbst kennengelernt. Hier sind sie noch einmal, mit ihren Funktionen. Was macht es mit dir, dich einmal so zu betrachten?

Regie: **Geist / Bewusstsein**
Co-Regie: **Unterbewusstsein**
Drehbuch: **Seele**
Produktion / Kamera: **Beobachter**
Produktionsdesign: **Gedanken**
Special Effects: **Ego**
Kostüme: **Emotionen**
Produzent: **Selbst/Aufmerksamkeit**
CoProduzent: **Das göttliche Kind**
Produktionsgesellschaft: **Die göttliche Quelle**
Powered by: **Atem**

PS: Aufkommende Emotionen, Grübeln, Stress, Unwohlsein sind gute Anlässe für einen FilmWechsel®

Ich wünsche dir viel Freude!

Deine Katalin

Schlusswort

Es liegt mir am Herzen, dir noch das „Gelassenheitsgebet" nahezulegen.

Wenn du die FilmWechsel®-Methode anwendest, behalte es im Hinterkopf:

„Gott, gebe mir die Gelassenheit,
Dinge anzunehmen, die ich nicht ändern kann,
den Mut, Dinge zu ändern, die ich ändern kann
und die Weisheit, das eine vom anderen zu unterscheiden!"

...Danke von Herzen!

Du kannst alles mit der Methode ändern, wenn die Zeit gekommen ist, es zu ändern.

Du triffst die Entscheidung etwas zu verändern (in ICH-Form), du sprichst es aus (in ICH-Form) und die mächtige „ICH BIN GEGENWART" führt es aus.

Hab Mut und handle!

Deine Katalin

Anhang

Der FilmWechsel®-Prozess

Bevor du anfängst, kläre für dich zuerst:

- Was ist das eigentliche Problem (dein Thema), das du hast?
- Was wäre, wenn dein Problem gelöst wäre?

Jetzt beginne mit der Aufnahme:

Nachdem du den Körpercheck gemacht hast, bist du vollkommen entspannt. Denke jetzt an dein Thema. Während du an dieses Thema denkst, nimm deinen Körper wahr. Nimm wahr, wo dein Körper reagiert.

Wenn das Problem tatsächlich ein Problem ist und du aufmerksam deinen Körper wahrnimmst, dann wirst du feststellen, dass der Körper irgendwo - und das ist egal wo - angespannt ist, mit Schmerz, Druck oder mit was auch immer Unangenehmem reagiert.

Wenn Unangenehmes auftritt, nimm dieses Körperempfinden wahr, lokalisiere es. Dann greife mit deinen Händen an diese Stelle und stell dir vor, dass du dieses Körperempfinden aus dem Körper herausholst. Du kannst es einfach nur in Gedanken machen, aber auch als tatsächliche Geste ausführen. Schau, was du in deinen Händen hältst. Was ist das für ein Objekt oder Symbol?

Nimm dir Zeit.

Was hat es für eine Form? Was für eine Farbe?

Ist es kalt oder warm? Fühlt es sich in deinen Händen eher glatt oder rau an?

Was für ein Material ist es?

Pause

Wenn du bestimmen konntest, was für ein Ding es ist, dann stell dir vor, du bist ein kleines Kind, vollkommen unbefangen!

Du hast überhaupt keine Ahnung, was dieses Ding, das du gefunden hast und das du jetzt in deinen Händen hältst, ist. Freu dich über dein Spielzeug und spiele damit!

Fühle die Freude des Kindes, spielen zu können, ein neues Spielzeug zu haben! Spiele, hab Freude!

Wenn du merkst, du hast Widerstand gegen diese Sache, die du gefunden hast, dann bist du nicht im unbefangenen Kind-Zustand. Denn das Kind hat keine Vorerfahrung mit irgendetwas. Auch mit diesem Objekt nicht!

Wenn du daher Widerstand gegen das gefundene Objekt hast, es ablehnst, dann bist du noch in deiner Person, die Vorerfahrung und Vorurteile hat. So kannst du der Sache nicht auf den Grund gehen.

In diesem Fall trete in Gedanken einen Schritt hinter dich, lass mal für den Moment deine Person dort sitzen wo sie ist und wechsle so in die Rolle des Kleinkindes. Du bist vollkommen unbefangen und hast überhaupt keine Ahnung, überhaupt keine Erfahrungen mit irgendetwas. Du kannst alles vollkommen neutral anschauen und dich über alles freuen - und spielen!

Pause

Wenn du genug gespielt hast, dann erlaube diesem Objekt, dass es seinen Platz einnimmt. Alles hat seinen Platz in diesem Universum. Es kann sein, dass es seine Gestalt verändert, vielleicht größer oder kleiner wird.

Du brauchst nichts zu tun, außer, dass du die Erlaubnis gibst, dass dieses Objekt wo auch immer, wie auch immer sein darf!

Pause

Wenn dieses Symbol seinen Platz eingenommen hat, dann frage es: „Wie hab ich dich kreiert? Was hab ich geglaubt, was hab ich gedacht?"

Nimm wahr, welcher Glaubenssatz in deinem Inneren spontan auftaucht, und hab Vertrauen, dass dieser erste Gedanke mit deinem Thema zu tun hat, auch wenn du momentan vielleicht noch keinen Zusammenhang sehen kannst.

Pause

Nimm also den Gedanken wahr, der als Erstes auftaucht. Erlaube, dass sich der Glaubenssatz zeigt, der hinter diesem Objekt versteckt war. Das ist der Glaube, der die Situation kreiert hat, die dir als Problem erscheint.

Pause

Gib dir Zeit, dass sich der Glaubenssatz zeigen kann.

Und jetzt, nachdem du den Glaubenssatz entdeckt hast, sprich Folgendes laut aus:

„Die Glaubensüberzeugung:
(hier füge deinen Satz ein)..
....
....
ziehe ich jetzt zurück und lösche sie."

Anschließend (oder wenn dir kein Glaubenssatz spontan einfiel) dann sprich es ganz pauschal aus:
„Alle Gedanken, alle Glaubensüberzeugungen, alle Versprechungen, die zur Entstehung dieses Symbols geführt haben, ziehe ich jetzt zurück und lösche sie."

Wenn du jetzt anstelle dieses alten, destruktiven Glaubenssatzes etwas Neues, Aufbauendes kreieren willst, dann formuliere deine neue Glaubensüberzeugung und sprich sie aus:
„Ab jetzt bin ich ....
....
....
und alle früheren Entscheidungen, die dieser neuen Entscheidung entgegenstehen, ziehe ich zurück und lösche sie."

Ein Beispiel: Wenn der Glaubenssatz „Ich werde angegriffen" aufgetaucht ist, dann sagst du:
„Die Glaubensüberzeugung ‚Ich werde angegriffen' ziehe ich zurück und lösche sie.
Ab jetzt bin ich frei. Ab jetzt bin ich unangreifbar. Alle früheren Entscheidungen, die dieser neuen Entscheidung entgegenstehen, ziehe ich zurück und lösche sie."

Nachdem die neue Entscheidung ausgesprochen ist, lausche in deinen Körper hinein, ob an der Stelle, wo die Körperreaktion war und du das Objekt oder das Symbol herausgenommen hast, oder woanders im Körper sich etwas verändert hat.

Zustands-Check: Hat sich dein Zellbewusstsein verändert?

Solange du noch eine unangenehme Körperreaktion, egal an welcher Stelle wahrnimmst, solange ist die Veränderung nicht vollständig. Deshalb wiederhole diesen Prozess, bis gar keine Reaktion mehr auf das Thema hin auftritt.

Das heißt, du nimmst erneut wahr, wo in deinem Körper noch eine unangenehme Reaktion (Spannung, Schmerz, Druck, etc.) auftritt und nimmst dieses Empfinden als Objekt oder Symbol heraus, spielst damit, erlaubst ihm den Raum einzunehmen, der ihm gehört und fragst dann: „Wie hab ich dich kreiert, was hab ich geglaubt, gedacht?“

Anschließend ziehst du die Glaubensüberzeugung, die da auftaucht, zurück. Du kannst auch sagen: „Ab jetzt ist diese Glaubensüberzeugung bedeutungslos für mich.“

Letztlich ist dieses Zurückziehen und Löschen nichts anderes, als dem Satz seine Wirkung zu entziehen. Er hat ab jetzt keine Wirkung mehr auf mich. Die Wirkung ist gelöscht. Denn alles was ist, existiert immer und ewig und auch gar nicht. Dieser Glaubenssatz und andere Glaubenssätze existieren auch weiterhin, aber ich entscheide, welchem ich eine Bedeutung gebe und ihn somit für wirklich halte.

Aufnahme Ende

Anmerkungen zu Begriffen, die ich im Buch nutze, aber nicht genauer erläutert habe:

Berufung

Berufung ist immer das, was gerade vor mir steht, was mich gerade ruft. Bin ich von meinem Göttlichen Selbst erfüllt? Lasse ich mich vom Heiligen Geist führen, leiten? Höre ich die Stimme, die mich gerade ruft? So komme ich Schritt für Schritt dahin, was rückblickend als „Berufung“ genannt werden kann.

Emotion und Gefühl

Es gibt verschiedene Ansichten und Traditionen, wie diese zwei Begriffe definiert und unterschieden werden. Nach meiner Definition, so wie ich sie in diesem Buch verwende, bedürfen Emotionen einen Gedanken. Das heisst, für mich sind Trauer, Freude, Wut, Angst etc. Emotionen, weil sie immer einen Grund, einen Auslöser haben. Sie brauchen eine Geschichte, einen Gedanken, eine Glaubensüberzeugung usw., damit sie entstehen. Dabei spielt für mich keine wesentliche Rolle, ob diese von anderen Personen übernommen oder selbst erschaffen sind.

Gefühle brauchen keinen Hintergrund, keinen Auslöser. Sie sind unmittelbarer Ausdruck des Seins, der bedingungslosen Liebe. Das einzige wirkliche Gefühl für mich ist somit die bedingungslose Liebe.

Emotionen, wie ich den Begriff verwende, kannst du dazu verwenden, herauszufinden, was für Botschaften diese für dich bereithalten. Einerseits so, wie ich in diesem Buch beschreibe: die Glaubensüberzeugung, die dahinter steckt herauszufinden, andererseits die Emotion zu fragen, was diese von dir will.

Wenn es dir bewusst ist, warum du gerade z.B. wütend bist, kannst du es aussprechen: „Ich bin wütend, weil .....“ - und nachfühlen, was du in dieser Situation tun könntest.

Wut fordert dich auf z.B. Klarheit zu schaffen, Unterscheidung oder eine klare Entscheidung zu treffen, etwas zu beginnen, zu ändern oder zu beenden, dich aufzuraffen etwas fertig zu stellen, und generell auszumisten.

Angst fordert dich auf z.B. Pläne und Vereinbarungen (für Zeiten, Orte, Termine, Finanzen, etc.) zu überprüfen, vorsichtig, präzise, sorgfältig zu sein, dich zu fragen: wo muss ich vorsichtig sein?

Traurigkeit fordert dich auf z.B. Kontrolle loszulassen, zu vertrauen, zuzuhören, zu ehren und zu respektieren, Mitgefühl zu zeigen, dich verletzlich zu zeigen, zu akzeptieren, was ist, eine verhärtete Position zu verlassen, flexibel zu sein, dich erkennen zu geben und dich anderen mitzuteilen.

Freude fordert dich auf z.B. auf Risiken einzugehen, deine Vision zu teilen, zu spielen, Segen auszusprechen, zu feiern, Menschen zusammenzubringen, etc. (frei nach Clinton Callahan: Die Kraft des bewussten Fühlens)

Erfüllung
Sich ganz erfüllt fühlen in einer Tätigkeit, in einer Beziehung oder im Leben insgesamt - ein wunderbares Geschenk. Jeder kennt es, aber viele haben es sehr lange nicht mehr erlebt und sehnen sich danach, wieder einmal so selbstvergessen, leicht, friedvoll und freudvoll zu sein wie vielleicht damals als Kind beim Spielen. Erfüllung ist das Empfinden, ganz ausgefüllt zu sein. Doch nicht die Tätigkeit selbst macht uns glücklich und füllt uns aus, sondern der Geist, der uns führt, anleitet und uns mit unserem Göttlichen SELBST verbindet.

Projektion
Etwas projizieren bedeutet, ein Bild auf eine Fläche zu werfen, zum Beispiel auf eine Wand oder eine Leinwand.

Ein/Der Projektor (Bildwerfer) ist ein Gerät, das Bilder aus einem anderen Gerät, wie beispielsweise dem Computer oder dem DVD-Spieler, auf eine Leinwand oder eine weiße Wand bringt und sie dabei vergrößert. Beamer ist ein englisches Wort und heißt soviel wie Anstrahler.

Der Diaprojektor ist ein Gerät, mit dem man kleine, durchsichtige Bilder aus Glas oder Kunststoff (Dias) vergrößert auf einer Leinwand zeigen kann. Früher hat man auf diese Weise gerne anderen Leuten seine Urlaubsfotos gezeigt.

Wenn ich in diesem Buch über Projektion spreche, meine ich die Bilder, die ich aus meinen eigenen Erfahrungen in andere Menschen hineindenke.

Wenn ich projiziere, heisst es, dass ich einer anderen Person meine Gedanken, Gefühle, Glaubensmuster, Erwartungen, Bedürfnisse und Wünsche auflade. Ausschlaggebend dabei ist, dass ich die Person, mit der ich jetzt in Beziehung stehe, durch jemanden aus meiner Vergangenheit ersetze. Manchmal werfen wir anderen ein Verhalten vor, das wir bei uns selbst ändern sollten. Projektion ist oft eine Art Angst, die uns in der Illusion wiegt, sicher zu sein.

Zur Autorin:

Katalin Fáy, Jg. 1954, erforscht seit ihrer Jugend, wie der menschliche Geist Realität erzeugt. Seit ihrem 13. Lebensjahr praktiziert sie täglich Yoga und Meditation.

Ihre eigenen Forschungen an der Wissenschaftlichen Akademie in Budapest 1973-75 belegten bereits, dass die Organfunktionen unmittelbar auf Gedankenimpulse reagieren. Viele Menschen haben inzwischen zwar erkannt, dass ihre Gedanken ihre Emotionen und Gefühle erzeugen, die wiederum unmittelbar positive oder eben negative Reaktionen in ihrem Körper auslösen, jedoch selten sind sie in der Lage, das Erkannte umzusetzen und entsprechend zu handeln.

Katalin hat im Jahr 2008 eine Methode entwickelt, und seitdem vielfach ausprobiert und verfeinert, die genau bei diesem Problem Hilfe leistet. Die FilmWechsel®-Methode ist praktische Hilfe sowohl bei Mediationen als auch bei Coaching und verwendbar bei jeder Angelegenheit, die Stress verursacht. Einmal erlernt, ist sie Hilfe zur Selbsthilfe. Sie entkräftet die inneren Komponenten des Stressauslösers so, dass man fast unmerklich plötzlich anders denkt und handelt. Es ist so unspektakulär, dass einem oft erst nach einer Zeit auffällt: „Vor kurzem hätte ich in so einer Situation ganz anders reagiert!“

Sie hat langjährige Berufserfahrung als Diplom-Ingenieurin, Therapeutin, Heilerin, Trainer und Coach.

Mehr über Katalin Fáy und über ihre Arbeit, Audios für Selbstcoaching und Informationen zu Einzelcoaching, Seminaren, Ausbildung, Bücher, Impulse für den Alltag findest du unter:

www.dr-bewusst-sein.de
www.FilmWechsel.com
www.paradies-podcast.com

Weitere Publikationen von Katalin Fáy:

Das grüne Ungeheuer

DAS GRÜNE UNGEHEUER - Meine Seele sieht niemand

Verlag: Edition Katalin Fay (2000), Softcover
ISBN-10: 8890089091,
ISBN-13: 978-8890089091

Beschreibung:

„Das grüne Ungeheuer“ ist eine Geschichte über die Reinkarnation von Lilith im 20. Jahrhundert.

„Dieses Buch ist meine Lilith-Geschichte. Sie diktierte, ich brauchte nur zu schreiben“, sagt Katalin Fáy. Aber wer ist Lilith? Ihre Geschichte geht bis zu Adam und Eva zurück (und noch weiter), denn sie war die erste Frau von Adam, aus dem Erdboden geformt, die beim Liebesakt nicht „unten liegen“ wollte. Sie musste aus dem Paradies fliehen. Doch sie erscheint immer wieder. Sie ist Dämonin, Ungeheuer, Hexe als Verderberin, aber auch Initiatorin, Vermittlerin, Einweiherin als Erlöserin. Sie will Freiheit und Gleichheit, sie ist die Inkarnation unersättlicher Lust, ihr Begehren ist absolut. Sie ist die Göttin des Todes, der Leben erst ermöglicht. Sie verweigert den Kompromiss. Sie ist das Verlangen in Verweigerung, Opfer im Täter, Sein in Nicht-Sein. Was geschieht, wenn sie als ganz „normale“ Frau im zwanzigsten Jahrhundert inkarniert? Lesen Sie! Lilith berichtet ...

DIE REISE - Trilogie: Band 1

Geteilt, getrennt... bis auf Widerruf

Verlag: Edition Katalin Fay (2003), Softcover
ISBN-10: 8890089024
ISBN-13: 978-8890089022

Beschreibung:

„Die Reise“ ist ein Buch über Reinkarnation, den spirituellen Weg und Bewusstseinsfindung im Alltag.

Eine Seele, die sich inkarnieren möchte, findet keine entsprechend empfangsbereite Frau. Als sie die Suche aufgibt, trifft sie ein Blitzschlag. Sie wird in drei Teile getrennt und diese einzelnen Seelenanteile finden dann die für sie stimmigen Körper. Die aus den drei Mädchen heranwachsenden Frauen lernen sich in einem Fitnessstudio in der Sauna kennen. Die drei Frauen gehen ihren spirituellen Weg und die Selbstfindung unterschiedlich an. Doch das Gemeinsame ist: Spiritualität im Alltag zu finden und zu leben. Das Buch endet mit Ganga's Chakra-Reise, wo sie die den einzelnen Chakren zugeordneten Orte in Indien aufsucht. Dabei trifft sie einen Yogi, der ihr ihre Inkarnationsgeschichte, die sie mit den zwei Freundinnen verbindet, übermittelt. Sie wird aufgerufen, der Trennung ein Ende zu setzen...

DIE REISE - Trilogie: Band 2

Wenn aus drei eins wird... im Schatten der Sonnenfinsternis

Verlag: Edition Katalin Fay (2003), Softcover
ISBN-10: 8890089075
ISBN-13: 978-8890089077

Beschreibung:

„Die Reise" Band 2 ist ein Buch über Reinkarnation, spirituelle Erfahrung, Trennung und Wiedervereinigung.

Die Reise, die in der Geschichte „Geteilt, getrennt..." ihren Anfang nahm und mit einem geheimnisvollen Auftrag endete, den Ganga von einem Yogi in Indien erhielt, geht weiter. Diese ist aber eine neue, für sich stehende Geschichte, die nicht nur als Fortsetzung des ersten Buches gedacht ist. Dem Vorschlag von Eva folgend reisen die drei Freundinnen gemeinsam nach Sambia, um die während der Sommersonnenwende stattfindende Sonnenfinsternis zu erleben. Doch kaum landet das Flugzeug, passiert es: Sie nehmen einander zwar noch wahr, doch die Außenwelt registriert sie nur noch als eine Person...

Astrologie im Spiegel der Reinkarnations-therapie

Verlag: Astrodata (2000), Hardcover
ISBN-10: 3907029666
ISBN-13: 978-3907029664

Beschreibung:
Bewusstseinstrainerin Fáy kombiniert Astrologie und Reinkarnationstherapie und erläutert die Möglichkeiten der Astro-Reinkarnation.

Alles ist im Hier und Jetzt vorhanden - Vergangenheit, Gegenwart und Zukunft sind eins. Von dieser Grundlage geht Katalin Fáy bei ihrer reinkarnationstherapeutischen Arbeit aus. In ihrem Buch schildert sie anhand praktischer Beispiele, wie sie ihre Klienten in andere Inkarnationen zurückführt und sie das ‚Rad des Schicksals' erfahren lässt. Ziel ihrer therapeutischen Arbeit ist es, die Einheit der Gegensätze erfahrbar zu machen, so dass sich ein neues Bewusstsein einstellen kann. Verdrängte und vergessene Seelenanteile können integriert werden, wenn wir erkennen, dass es Polaritäten nur in unserer begrenzten irdischen Existenz gibt.

Das Horoskop hat in Fáys Reinkarnationstherapie einen wichtigen Stellenwert. Es zeigt die Punkte der Ganzheit (durch den Horoskop-Kreis symbolisiert), die wir in der jetzigen Inkarnation berühren. Die Protokolle der Rückführungssitzungen werden jeweils anhand der Horoskope der Klienten erläutert, wobei die Autorin zeigt, wie wichtig es ist, in die Mitte des Kreises zu gelangen, um Ängste und Schuldgefühle zu überwinden.